全国普法学习读本

U0453653

最新社会实用法律法规读本

## 劳动就业法律法规学习读本

# 劳动就业法律法规

魏光朴　主编

汕头大学出版社

## 图书在版编目（CIP）数据

劳动就业法律法规 / 魏光朴主编 . -- 汕头：汕头
大学出版社，2023.4（重印）
（劳动就业法律法规学习读本）
ISBN 978-7-5658-3210-9

Ⅰ . ①劳… Ⅱ . ①魏… Ⅲ . ①劳动法 - 中国 - 学习参
考资料 Ⅳ . ①D922.504

中国版本图书馆 CIP 数据核字（2017）第 254871 号

**劳动就业法律法规**　　　　　　　　**LAODONG JIUYE FALÜ FAGUI**

主　　编：魏光朴
责任编辑：邹　峰
责任技编：黄东生
封面设计：大华文苑
出版发行：汕头大学出版社
　　　　　广东省汕头市大学路 243 号汕头大学校园内　邮政编码：515063
电　　话：0754-82904613
印　　刷：三河市元兴印务有限公司
开　　本：690mm×960mm 1/16
印　　张：18
字　　数：226 千字
版　　次：2017 年 10 月第 1 版
印　　次：2023 年 4 月第 2 次印刷
定　　价：59.60 元（全 2 册）
ISBN 978-7-5658-3210-9

# 前　言

习近平总书记指出："推进全民守法，必须着力增强全民法治观念。要坚持把全民普法和守法作为依法治国的长期基础性工作，采取有力措施加强法制宣传教育。要坚持法治教育从娃娃抓起，把法治教育纳入国民教育体系和精神文明创建内容，由易到难、循序渐进不断增强青少年的规则意识。要健全公民和组织守法信用记录，完善守法诚信褒奖机制和违法失信行为惩戒机制，形成守法光荣、违法可耻的社会氛围，使遵法守法成为全体人民共同追求和自觉行动。"

中共中央、国务院曾经转发了中央宣传部、司法部关于在公民中开展法治宣传教育的规划，并发出通知，要求各地区各部门结合实际认真贯彻执行。通知指出，全民普法和守法是依法治国的长期基础性工作。深入开展法治宣传教育，是全面建成小康社会和新农村的重要保障。

普法规划指出：各地区各部门要根据实际需要，从不同群体的特点出发，因地制宜开展有特色的法治宣传教育坚持集中法治宣传教育与经常性法治宣传教育相结合，深化法律进机关、进乡村、进社区、进学校、进企业、进单位的"法律六进"主题活动，完善工作标准，建立长效机制。

特别是农业、农村和农民问题，始终是关系党和人民事业发展的全局性和根本性问题。党中央、国务院发布的《关于推进社会主义新农村建设的若干意见》中明确提出要"加强农村法制建设，深入开展农村普法教育，增强农民的法制观念，提高农民依法行使权利和履行义务的自觉性。"多年普法实践证明，普及法律知识，提高法制观念，增强全社会依法办事意识具有重要作用。特别是在广大农村进行普法教育，是提高全民法律素质的需要。

多年来，我国在农村实行的改革开放取得了极大成功，农村发生了翻天覆地的变化，广大农民生活水平大大得到了提高。但是，由于历史和社会等原因，现阶段我国一些地区农民文化素质还不高，不学法、不懂法、不守法现象虽然较原来有所改变，但仍有相当一部分群众的法制观念仍很淡化，不懂、不愿借助法律来保护自身权益，这就极易受到不法的侵害，或极易进行违法犯罪活动，严重阻碍了全面建成小康社会和新农村步伐。

为此，根据党和政府的指示精神以及普法规划，特别是根据广大农村农民的现状，在有关部门和专家的指导下，特别编辑了这套《全国普法学习读本》。主要包括了广大人民群众应知应懂、实际实用的法律法规。为了辅导学习，附录还收入了相应法律法规的条例准则、实施细则、解读解答、案例分析等；同时为了突出法律法规的实际实用特点，兼顾地方性和特殊性，附录还收入了部分某些地方性法律法规以及非法律法规的政策文件、管理制度、应用表格等内容，拓展了本书的知识范围，使法律法规更"接地气"，便于读者学习掌握和实际应用。

在众多法律法规中，我们通过甄别，淘汰了废止的，精选了最新的、权威的和全面的。但有部分法律法规有些条款不适应当下情况了，却没有颁布新的，我们又不能擅自改动，只得保留原有条款，但附录却有相应的补充修改意见或通知等。众多法律法规根据不同内容和受众特点，经过归类组合，优化配套。整套普法读本非常全面系统，具有很强的学习性、实用性和指导性，非常适合用于广大农村和城乡普法学习教育与实践指导。总之，是全国全民普法的良好读本。

# 目　录

## 中华人民共和国就业促进法

## 残疾人就业条例

# 工资集体协商试行办法

# 中华人民共和国劳动争议调解仲裁法

# 中华人民共和国就业促进法

中华人民共和国主席令

第二十四号

《全国人民代表大会常务委员会关于修改〈中华人民共和国电力法〉等六部法律的决定》已由中华人民共和国第十二届全国人民代表大会常务委员会第十四次会议于 2015 年 4 月 24 日通过，现予公布，自公布之日起施行。

中华人民共和国主席 习近平

2015 年 4 月 24 日

(2007 年 8 月 30 日第十届全国人民代表大会常务委员会第二十九次会议通过；根据 2015 年 4 月 24 日第十二届全国人民代表大会常务委员会第十四次会议修改)

# 第一章 总 则

**第一条** 为了促进就业，促进经济发展与扩大就业相协调，促进社会和谐稳定，制定本法。

**第二条** 国家把扩大就业放在经济社会发展的突出位置，实施积极的就业政策，坚持劳动者自主择业、市场调节就业、政府促进就业的方针，多渠道扩大就业。

**第三条** 劳动者依法享有平等就业和自主择业的权利。

劳动者就业，不因民族、种族、性别、宗教信仰等不同而受歧视。

**第四条** 县级以上人民政府把扩大就业作为经济和社会发展的重要目标，纳入国民经济和社会发展规划，并制定促进就业的中长期规划和年度工作计划。

**第五条** 县级以上人民政府通过发展经济和调整产业结构、规范人力资源市场、完善就业服务、加强职业教育和培训、提供就业援助等措施，创造就业条件，扩大就业。

**第六条** 国务院建立全国促进就业工作协调机制，研究就业工作中的重大问题，协调推动全国的促进就业工作。国务院劳动行政部门具体负责全国的促进就业工作。

省、自治区、直辖市人民政府根据促进就业工作的需要，建立促进就业工作协调机制，协调解决本行政区域就业工作中的重大问题。

县级以上人民政府有关部门按照各自的职责分工，共同做好促进就业工作。

**第七条** 国家倡导劳动者树立正确的择业观念，提高就业能力和创业能力；鼓励劳动者自主创业、自谋职业。

各级人民政府和有关部门应当简化程序，提高效率，为劳动者自主创业、自谋职业提供便利。

**第八条** 用人单位依法享有自主用人的权利。

用人单位应当依照本法以及其他法律、法规的规定，保障劳动者的合法权益。

**第九条** 工会、共产主义青年团、妇女联合会、残疾人联合会以及其他社会组织，协助人民政府开展促进就业工作，依法维护劳动者的劳动权利。

**第十条** 各级人民政府和有关部门对在促进就业工作中作出显著成绩的单位和个人，给予表彰和奖励。

# 第二章　政策支持

　　**第十一条**　县级以上人民政府应当把扩大就业作为重要职责，统筹协调产业政策与就业政策。

　　**第十二条**　国家鼓励各类企业在法律、法规规定的范围内，通过兴办产业或者拓展经营，增加就业岗位。

　　国家鼓励发展劳动密集型产业、服务业，扶持中小企业，多渠道、多方式增加就业岗位。

　　国家鼓励、支持、引导非公有制经济发展，扩大就业，增加就业岗位。

　　**第十三条**　国家发展国内外贸易和国际经济合作，拓宽就业渠道。

　　**第十四条**　县级以上人民政府在安排政府投资和确定重大建设项目时，应当发挥投资和重大建设项目带动就业的作用，增加就业岗位。

　　**第十五条**　国家实行有利于促进就业的财政政策，加大资金投入，改善就业环境，扩大就业。

　　县级以上人民政府应当根据就业状况和就业工作目标，在财政预算中安排就业专项资金用于促进就业工作。

　　就业专项资金用于职业介绍、职业培训、公益性岗位、职业技能鉴定、特定就业政策和社会保险等的补贴，小额贷款担保基金和微利项目的小额担保贷款贴息，以及扶持公共就业服务等。就业专项资金的使用管理办法由国务院财政部门和劳动行政部门规定。

　　**第十六条**　国家建立健全失业保险制度，依法确保失业人员的基本生活，并促进其实现就业。

　　**第十七条**　国家鼓励企业增加就业岗位，扶持失业人员和残疾人就业，对下列企业、人员依法给予税收优惠：

　　（一）吸纳符合国家规定条件的失业人员达到规定要求的企业；

　　（二）失业人员创办的中小企业；

　　（三）安置残疾人员达到规定比例或者集中使用残疾人的企业；

　　（四）从事个体经营的符合国家规定条件的失业人员；

（五）从事个体经营的残疾人；

（六）国务院规定给予税收优惠的其他企业、人员。

**第十八条** 对本法第十七条第四项、第五项规定的人员，有关部门应当在经营场地等方面给予照顾，免除行政事业性收费。

**第十九条** 国家实行有利于促进就业的金融政策，增加中小企业的融资渠道；鼓励金融机构改进金融服务，加大对中小企业的信贷支持，并对自主创业人员在一定期限内给予小额信贷等扶持。

**第二十条** 国家实行城乡统筹的就业政策，建立健全城乡劳动者平等就业的制度，引导农业富余劳动力有序转移就业。

县级以上地方人民政府推进小城镇建设和加快县域经济发展，引导农业富余劳动力就地就近转移就业；在制定小城镇规划时，将本地区农业富余劳动力转移就业作为重要内容。

县级以上地方人民政府引导农业富余劳动力有序向城市异地转移就业；劳动力输出地和输入地人民政府应当互相配合，改善农村劳动者进城就业的环境和条件。

**第二十一条** 国家支持区域经济发展，鼓励区域协作，统筹协调不同地区就业的均衡增长。

国家支持民族地区发展经济，扩大就业。

**第二十二条** 各级人民政府统筹做好城镇新增劳动力就业、农业富余劳动力转移就业和失业人员就业工作。

**第二十三条** 各级人民政府采取措施，逐步完善和实施与非全日制用工等灵活就业相适应的劳动和社会保险政策，为灵活就业人员提供帮助和服务。

**第二十四条** 地方各级人民政府和有关部门应当加强对失业人员从事个体经营的指导，提供政策咨询、就业培训和开业指导等服务。

# 第三章　公平就业

**第二十五条** 各级人民政府创造公平就业的环境，消除就业歧视，制定政策并采取措施对就业困难人员给予扶持和援助。

**第二十六条** 用人单位招用人员、职业中介机构从事职业中介活动，应当向劳动者提供平等的就业机会和公平的就业条件，不得实施就业歧视。

**第二十七条** 国家保障妇女享有与男子平等的劳动权利。

用人单位招用人员，除国家规定的不适合妇女的工种或者岗位外，不得以性别为由拒绝录用妇女或者提高对妇女的录用标准。

用人单位录用女职工，不得在劳动合同中规定限制女职工结婚、生育的内容。

**第二十八条** 各民族劳动者享有平等的劳动权利。

用人单位招用人员，应当依法对少数民族劳动者给予适当照顾。

**第二十九条** 国家保障残疾人的劳动权利。

各级人民政府应当对残疾人就业统筹规划，为残疾人创造就业条件。

用人单位招用人员，不得歧视残疾人。

**第三十条** 用人单位招用人员，不得以是传染病病原携带者为由拒绝录用。但是，经医学鉴定传染病病原携带者在治愈前或者排除传染嫌疑前，不得从事法律、行政法规和国务院卫生行政部门规定禁止从事的易使传染病扩散的工作。

**第三十一条** 农村劳动者进城就业享有与城镇劳动者平等的劳动权利，不得对农村劳动者进城就业设置歧视性限制。

# 第四章 就业服务和管理

**第三十二条** 县级以上人民政府培育和完善统一开放、竞争有序的人力资源市场，为劳动者就业提供服务。

**第三十三条** 县级以上人民政府鼓励社会各方面依法开展就业服务活动，加强对公共就业服务和职业中介服务的指导和监督，逐步完善覆盖城乡的就业服务体系。

**第三十四条** 县级以上人民政府加强人力资源市场信息网络及相关设施建设，建立健全人力资源市场信息服务体系，完善市场信息发布制度。

**第三十五条** 县级以上人民政府建立健全公共就业服务体系，设立公共就业服务机构，为劳动者免费提供下列服务：

（一）就业政策法规咨询；

（二）职业供求信息、市场工资指导价位信息和职业培训信息发布；

（三）职业指导和职业介绍；

（四）对就业困难人员实施就业援助；

（五）办理就业登记、失业登记等事务；

（六）其他公共就业服务。

公共就业服务机构应当不断提高服务的质量和效率，不得从事经营性活动。

公共就业服务经费纳入同级财政预算。

**第三十六条** 县级以上地方人民政府对职业中介机构提供公益性就业服务的，按照规定给予补贴。

国家鼓励社会各界为公益性就业服务提供捐赠、资助。

**第三十七条** 地方各级人民政府和有关部门不得举办或者与他人联合举办经营性的职业中介机构。

地方各级人民政府和有关部门、公共就业服务机构举办的招聘会，不得向劳动者收取费用。

**第三十八条** 县级以上人民政府和有关部门加强对职业中介机构的管理，鼓励其提高服务质量，发挥其在促进就业中的作用。

**第三十九条** 从事职业中介活动，应当遵循合法、诚实信用、公平、公开的原则。

用人单位通过职业中介机构招用人员，应当如实向职业中介机构提供岗位需求信息。禁止任何组织或者个人利用职业中介活动侵害劳动者的合法权益。

**第四十条** 设立职业中介机构应当具备下列条件：

（一）有明确的章程和管理制度；

（二）有开展业务必备的固定场所、办公设施和一定数额的开办资金；

（三）有一定数量具备相应职业资格的专职工作人员；

（四）法律、法规规定的其他条件。

设立职业中介机构，应当依法办理行政许可。经许可的职业中介机构，应当向工商行政部门办理登记。

未经依法许可和登记的机构，不得从事职业中介活动。

国家对外商投资职业中介机构和向劳动者提供境外就业服务的职业中介机构另有规定的，依照其规定。

**第四十一条**　职业中介机构不得有下列行为：

（一）提供虚假就业信息；

（二）为无合法证照的用人单位提供职业中介服务；

（三）伪造、涂改、转让职业中介许可证；

（四）扣押劳动者的居民身份证和其他证件，或者向劳动者收取押金；

（五）其他违反法律、法规规定的行为。

**第四十二条**　县级以上人民政府建立失业预警制度，对可能出现的较大规模的失业，实施预防、调节和控制。

**第四十三条**　国家建立劳动力调查统计制度和就业登记、失业登记制度，开展劳动力资源和就业、失业状况调查统计，并公布调查统计结果。

统计部门和劳动行政部门进行劳动力调查统计和就业、失业登记时，用人单位和个人应当如实提供调查统计和登记所需要的情况。

# 第五章　职业教育和培训

**第四十四条**　国家依法发展职业教育，鼓励开展职业培训，促进劳动者提高职业技能，增强就业能力和创业能力。

**第四十五条**　县级以上人民政府根据经济社会发展和市场需求，制定并实施职业能力开发计划。

**第四十六条**　县级以上人民政府加强统筹协调，鼓励和支持各类职业院校、职业技能培训机构和用人单位依法开展就业前培训、在职培训、再就业培训和创业培训；鼓励劳动者参加各种形式的培训。

第四十七条　县级以上地方人民政府和有关部门根据市场需求和产业发展方向，鼓励、指导企业加强职业教育和培训。

职业院校、职业技能培训机构与企业应当密切联系，实行产教结合，为经济建设服务，培养实用人才和熟练劳动者。

企业应当按照国家有关规定提取职工教育经费，对劳动者进行职业技能培训和继续教育培训。

第四十八条　国家采取措施建立健全劳动预备制度，县级以上地方人民政府对有就业要求的初高中毕业生实行一定期限的职业教育和培训，使其取得相应的职业资格或者掌握一定的职业技能。

第四十九条　地方各级人民政府鼓励和支持开展就业培训，帮助失业人员提高职业技能，增强其就业能力和创业能力。失业人员参加就业培训的，按照有关规定享受政府培训补贴。

第五十条　地方各级人民政府采取有效措施，组织和引导进城就业的农村劳动者参加技能培训，鼓励各类培训机构为进城就业的农村劳动者提供技能培训，增强其就业能力和创业能力。

第五十一条　国家对从事涉及公共安全、人身健康、生命财产安全等特殊工种的劳动者，实行职业资格证书制度，具体办法由国务院规定。

# 第六章　就业援助

第五十二条　各级人民政府建立健全就业援助制度，采取税费减免、贷款贴息、社会保险补贴、岗位补贴等办法，通过公益性岗位安置等途径，对就业困难人员实行优先扶持和重点帮助。

就业困难人员是指因身体状况、技能水平、家庭因素、失去土地等原因难以实现就业，以及连续失业一定时间仍未能实现就业的人员。就业困难人员的具体范围，由省、自治区、直辖市人民政府根据本行政区域的实际情况规定。

第五十三条　政府投资开发的公益性岗位，应当优先安排符合岗位要求的就业困难人员。被安排在公益性岗位工作的，按照国家规定给予岗位补贴。

第五十四条 地方各级人民政府加强基层就业援助服务工作，对就业困难人员实施重点帮助，提供有针对性的就业服务和公益性岗位援助。

地方各级人民政府鼓励和支持社会各方面为就业困难人员提供技能培训、岗位信息等服务。

第五十五条 各级人民政府采取特别扶助措施，促进残疾人就业。

用人单位应当按照国家规定安排残疾人就业，具体办法由国务院规定。

第五十六条 县级以上地方人民政府采取多种就业形式，拓宽公益性岗位范围，开发就业岗位，确保城市有就业需求的家庭至少有一人实现就业。

法定劳动年龄内的家庭人员均处于失业状况的城市居民家庭，可以向住所地街道、社区公共就业服务机构申请就业援助。街道、社区公共就业服务机构经确认属实的，应当为该家庭中至少一人提供适当的就业岗位。

第五十七条 国家鼓励资源开采型城市和独立工矿区发展与市场需求相适应的产业，引导劳动者转移就业。

对因资源枯竭或者经济结构调整等原因造成就业困难人员集中的地区，上级人民政府应当给予必要的扶持和帮助。

# 第七章 监督检查

第五十八条 各级人民政府和有关部门应当建立促进就业的目标责任制度。县级以上人民政府按照促进就业目标责任制的要求，对所属的有关部门和下一级人民政府进行考核和监督。

第五十九条 审计机关、财政部门应当依法对就业专项资金的管理和使用情况进行监督检查。

第六十条 劳动行政部门应当对本法实施情况进行监督检查，建立举报制度，受理对违反本法行为的举报，并及时予以核实处理。

# 第八章　法律责任

第六十一条　违反本法规定，劳动行政等有关部门及其工作人员滥用职权、玩忽职守、徇私舞弊的，对直接负责的主管人员和其他直接责任人员依法给予处分。

第六十二条　违反本法规定，实施就业歧视的，劳动者可以向人民法院提起诉讼。

第六十三条　违反本法规定，地方各级人民政府和有关部门、公共就业服务机构举办经营性的职业中介机构，从事经营性职业中介活动，向劳动者收取费用的，由上级主管机关责令限期改正，将违法收取的费用退还劳动者，并对直接负责的主管人员和其他直接责任人员依法给予处分。

第六十四条　违反本法规定，未经许可和登记，擅自从事职业中介活动的，由劳动行政部门或者其他主管部门依法予以关闭；有违法所得的，没收违法所得，并处一万元以上五万元以下的罚款。

第六十五条　违反本法规定，职业中介机构提供虚假就业信息，为无合法证照的用人单位提供职业中介服务，伪造、涂改、转让职业中介许可证的，由劳动行政部门或者其他主管部门责令改正；有违法所得的，没收违法所得，并处一万元以上五万元以下的罚款；情节严重的，吊销职业中介许可证。

第六十六条　违反本法规定，职业中介机构扣押劳动者居民身份证等证件的，由劳动行政部门责令限期退还劳动者，并依照有关法律规定给予处罚。

违反本法规定，职业中介机构向劳动者收取押金的，由劳动行政部门责令限期退还劳动者，并以每人五百元以上二千元以下的标准处以罚款。

第六十七条　违反本法规定，企业未按照国家规定提取职工教育经费，或者挪用职工教育经费的，由劳动行政部门责令改正，并依法给予处罚。

**第六十八条** 违反本法规定，侵害劳动者合法权益，造成财产损失或者其他损害的，依法承担民事责任；构成犯罪的，依法追究刑事责任。

# 第九章　附　则

**第六十九条** 本法自 2008 年 1 月 1 日起施行。

# 附　录

## 国务院关于进一步做好新形势下
## 就业创业工作的意见

国发〔2015〕23号

各省、自治区、直辖市人民政府，国务院各部委、各直属机构：

就业事关经济发展和民生改善大局。党中央、国务院高度重视，坚持把稳定和扩大就业作为宏观调控的重要目标，大力实施就业优先战略，积极深化行政审批制度和商事制度改革，推动大众创业、万众创新，创业带动就业倍增效应进一步释放，就业局势总体稳定。但也要看到，随着我国经济发展进入新常态，就业总量压力依然存在，结构性矛盾更加凸显。大众创业、万众创新是富民之道、强国之举，有利于产业、企业、分配等多方面结构优化。面对就业压力加大形势，必须着力培育大众创业、万众创新的新引擎，实施更加积极的就业政策，把创业和就业结合起来，以创业创新带动就业，催生经济社会发展新动力，为促进民生改善、经济结构调整和社会和谐稳定提供新动能。现就进一步做好就业创业工作提出以下意见：

一、深入实施就业优先战略

（一）坚持扩大就业发展战略

把稳定和扩大就业作为经济运行合理区间的下限，将城镇新增就业、调查失业率作为宏观调控重要指标，纳入国民经济和社会发展规划及年度计划。合理确定经济增长速度和发展模式，科学把握宏观调控的方向和力度，以稳增长促就业，以鼓励创业就业带动经济增长。加强财税、金融、产业、贸易等经济政策与就业政策的配套衔接，建立宏观经济政策对就业影响评价机制。建立公共投资和重大项目建设带动就业评估机制，同等条件下对创造就业岗位多、岗位质量好的项目优先安排。

（二）发展吸纳就业能力强的产业

创新服务业发展模式和业态，支持发展商业特许经营、连锁经营，大力发展金融租赁、节能环保、电子商务、现代物流等生产性服务业和旅游休闲、健康养老、家庭服务、社会工作、文化体育等生活性服务业，打造新的经济增长点，提高服务业就业比重。加快创新驱动发展，推进产业转型升级，培育战略性新兴产业和先进制造业，提高劳动密集型产业附加值；结合实施区域发展总体战略，引导具有成本优势的资源加工型、劳动密集型产业和具有市场需求的资本密集型、技术密集型产业向中西部地区转移，挖掘第二产业就业潜力。推进农业现代化，加快转变农业发展方式，培养新型职业农民，鼓励有文化、有技术、有市场经济观念的各类城乡劳动者根据市场需求到农村就业创业。

（三）发挥小微企业就业主渠道作用

引导银行业金融机构针对小微企业经营特点和融资需求特征，创新产品和服务。发展政府支持的融资性担保机构和再担保机构，完善风险分担机制，为小微企业提供融资支持。落实支持小微企业发展的税收政策，加强市场监管执法和知识产权保护，对小微企业亟需获得授权的核心专利申请优先审查。发挥新型载体聚集发展的优势，引入竞争机制，开展小微企业创业创新基地城市示范，中央财政给予综合奖励。创新政府采购支持方式，消除中小企业享受相关优惠政策面临的条件认定、企业资质等不合理限制门槛。指导企业改善用工管理，对小微企业新招用劳动者，符合相关条件的，按规定给予就业创业支持，不断提高小微企业带动就业能力。

（四）积极预防和有效调控失业风险

落实调整失业保险费率政策，减轻企业和个人负担，稳定就业岗位。将失业保险基金支持企业稳岗政策实施范围由兼并重组企业、化解产能过剩企业、淘汰落后产能企业等三类企业扩大到所有符合条件的企业。生产经营困难企业可通过与职工进行集体协商，采取在岗培训、轮班工作、弹性工时、协商薪酬等办法不裁员或少裁员。

对确实要裁员的，应制定人员安置方案，实施专项就业帮扶行动，妥善处理劳动关系和社会保险接续，促进失业人员尽快再就业。淘汰落后产能奖励资金、依据兼并重组政策规定支付给企业的土地补偿费要优先用于职工安置。完善失业监测预警机制，建立应对失业风险的就业应急预案。

二、积极推进创业带动就业

（五）营造宽松便捷的准入环境

深化商事制度改革，进一步落实注册资本登记制度改革，坚决推行工商营业执照、组织机构代码证、税务登记证"三证合一"，年内出台推进"三证合一"登记制度改革意见和统一社会信用代码方案，实现"一照一码"。继续优化登记方式，放松经营范围登记管制，支持各地结合实际放宽新注册企业场所登记条件限制，推动"一址多照"、集群注册等住所登记改革，分行业、分业态释放住所资源。运用大数据加强对市场主体的服务和监管。依托企业信用信息公示系统，实现政策集中公示、扶持申请导航、享受扶持信息公示。建立小微企业目录，对小微企业发展状况开展抽样统计。推动修订与商事制度改革不衔接、不配套的法律、法规和政策性文件。全面完成清理非行政许可审批事项，再取消下放一批制约经济发展、束缚企业活力等含金量高的行政许可事项，全面清理中央设定、地方实施的行政审批事项，大幅减少投资项目前置审批。对保留的审批事项，规范审批行为，明确标准，缩短流程，限时办结，推广"一个窗口"受理、网上并联审批等方式。

（六）培育创业创新公共平台

抓住新技术革命和产业变革的重要机遇，适应创业创新主体大众化趋势，大力发展技术转移转化、科技金融、认证认可、检验检测等科技服务业，总结推广创客空间、创业咖啡、创新工场等新型孵化模式，加快发展市场化、专业化、集成化、网络化的众创空间，实现创新与创业、线上与线下、孵化与投资相结合，为创业者提供低成本、便利化、全要素、开放式的综合服务平台和发展空间。落实科技企业孵化器、大学科技园的税收优惠政策，对符合条件的众创空间等新型孵化机构适用科技企业孵化器税收优惠政策。有条件的地方可对众创空间的房租、宽带网络、公共软件等给予适当补贴，或通过盘活商业用房、闲置厂房等资源提供成本较低的场所。可在符合土地利用总体规划和城乡规划前提下，或利用原有经批准的各类园区，建设创业基地，为创业者提供服务，打造一批创业示范基地。鼓励企业由传统的管控型组织转型为新型创业平台，让员工成为平台上的创业者，形成市场主导、风投参与、企业孵化的创业生态系统。

（七）拓宽创业投融资渠道

运用财税政策，支持风险投资、创业投资、天使投资等发展。运用市场机制，引导社会资金和金融资本支持创业活动，壮大创业投资规模。按照政府引导、市场化运作、专业化管理的原则，加快设立国家中小企业发展基金和国家新兴产业创业投资引导基金，带动社会资本共同加大对中小企业创业创新的投入，促进初创期科技型中小企业成长，支持新兴产业领域早中期、初创期企业发展。鼓励地方设立创业投资引导等基金。发挥多层次资本市场作用，加快创业板等资本市场改革，强化全国中小企业股份转让系统融资、交易等功能，规范发展服务小微企业的区域性股权市场。开展股权众筹融资试点，推动多渠道股权融资，积极探索和规范发展互联网金融，发展新型金融机构和融资服务机构，促进大众创业。

（八）支持创业担保贷款发展

将小额担保贷款调整为创业担保贷款，针对有创业要求、具备一定创业条件但缺乏创业资金的就业重点群体和困难人员，提高其金融服务可获得性，明确支持对象、标准和条件，贷款最高额度由针对不同群体的 5 万元、8 万元、10 万元不等统一调整为 10 万元。鼓励金融机构参照贷款基础利率，结合风险分担情况，合理确定贷款利率水平，对个人发放的创业担保贷款，在贷款基础利率基础上上浮 3 个百分点以内的，由财政给予贴息。简化程序，细化措施，健全贷款发放考核办法和财政贴息资金规范管理约束机制，提高代偿效率，完善担保基金呆坏账核销办法。

（九）加大减税降费力度

实施更加积极的促进就业创业税收优惠政策，将企业吸纳就业税收优惠的人员范围由失业一年以上人员调整为失业半年以上人员。高校毕业生、登记失业人员等重点群体创办个体工商户、个人独资企业的，可依法享受税收减免政策。抓紧推广中关村国家自主创新示范区税收试点政策，将职工教育经费税前扣除试点政策、企业转增股本分期缴纳个人所得税试点政策、股权奖励分期缴纳个人所得税试点政策推广至全国范围。全面清理涉企行政事业性收费、政府性基金、具有强制垄断性的经营服务性收费、行业协会商会涉企收费，落实涉企收费清单管理制度和创业负担举报反馈机制。

（十）调动科研人员创业积极性。探索高校、科研院所等事业单位专业技术人员在职创业、离岗创业有关政策。对于离岗创业的，经原单位同意，可在3年内保留人事关系，与原单位其他在岗人员同等享有参加职称评聘、岗位等级晋升和社会保险等方面的权利。原单位应当根据专业技术人员创业的实际情况，与其签订或变更聘用合同，明确权利义务。加快推进中央级事业单位科技成果使用、处置和收益管理改革试点政策推广。鼓励利用财政性资金设立的科研机构、普通高校、职业院校，通过合作实施、转让、许可和投资等方式，向高校毕业生创设的小微企业优先转移科技成果。完善科技人员创业股权激励政策，放宽股权奖励、股权出售的企业设立年限和盈利水平限制。

（十一）鼓励农村劳动力创业

支持农民工返乡创业，发展农民合作社、家庭农场等新型农业经营主体，落实定向减税和普遍性降费政策。依托现有各类园区等存量资源，整合创建一批农民工返乡创业园，强化财政扶持和金融服务。将农民创业与发展县域经济结合起来，大力发展农产品加工、休闲农业、乡村旅游、农村服务业等劳动密集型产业项目，促进农村一二三产业融合。依托基层就业和社会保障服务设施等公共平台，提供创业指导和服务。鼓励各类企业和社会机构利用现有资源，搭建一批农业创业创新示范基地和见习基地，培训一批农民创业创新辅导员。支持农民网上创业，大力发展"互联网+"和电子商务，积极组织创新创业农民与企业、小康村、市场和园区对接，推进农村青年创业富民行动。

（十二）营造大众创业良好氛围

支持举办创业训练营、创业创新大赛、创新成果和创业项目展示推介等活动，搭建创业者交流平台，培育创业文化，营造鼓励创业、宽容失败的良好社会氛围，让大众创业、万众创新蔚然成风。对劳动者创办社会组织、从事网络创业符合条件的，给予相应创业扶持政策。推进创业型城市创建，对政策落实好、创业环境优、工作成效显著的，按规定予以表彰。

三、统筹推进高校毕业生等重点群体就业

(十三) 鼓励高校毕业生多渠道就业

把高校毕业生就业摆在就业工作首位。完善工资待遇进一步向基层倾斜的办法，健全高校毕业生到基层工作的服务保障机制，鼓励毕业生到乡镇特别是困难乡镇机关事业单位工作。对高校毕业生到中西部地区、艰苦边远地区和老工业基地县以下基层单位就业、履行一定服务期限的，按规定给予学费补偿和国家助学贷款代偿。结合政府购买服务工作的推进，在基层特别是街道（乡镇）、社区（村）购买一批公共管理和社会服务岗位，优先用于吸纳高校毕业生就业。对小微企业新招用毕业年度高校毕业生，签订1年以上劳动合同并缴纳社会保险费的，给予1年社会保险补贴。落实完善见习补贴政策，对见习期满留用率达到50%以上的见习单位，适当提高见习补贴标准。将求职补贴调整为求职创业补贴，对象范围扩展到已获得国家助学贷款的毕业年度高校毕业生。深入实施大学生创业引领计划、离校未就业高校毕业生就业促进计划，整合发展高校毕业生就业创业基金，完善管理体制和市场化运行机制，实现基金滚动使用，为高校毕业生就业创业提供支持。积极支持和鼓励高校毕业生投身现代农业建设。对高校毕业生申报从事灵活就业的，按规定纳入各项社会保险，各级公共就业人才服务机构要提供人事、劳动保障代理服务。技师学院高级工班、预备技师班和特殊教育院校职业教育类毕业生可参照高校毕业生享受相关就业补贴政策。

(十四) 加强对困难人员的就业援助

合理确定就业困难人员范围，规范认定程序，加强实名制动态管理和分类帮扶。坚持市场导向，鼓励其到企业就业、自主创业或灵活就业。对用人单位招用就业困难人员，签订劳动合同并缴纳社会保险费的，在一定期限内给予社会保险补贴。对就业困难人员灵活就业并缴纳社会保险费的，给予一定比例的社会保险补贴。对通过市场渠道确实难以实现就业的，可通过公益性岗位予以托底安置，并给予社会保险补贴及适当岗位补贴。社会保险补贴和岗位补贴期限最长不超过3年，对初次核定享受补贴政策时距退休年龄不足5年的人员，可延长至退休。规范公益性岗位开发和管理，科学设定公益性岗位总量，适度控制岗位规模，制定岗位申报评估办法，严格按照法律规定安排就业困难人员，不得用于安排非就业困难人员。加强对就业困难人员在岗情况的管理和工作考核，建立定期核查机制，完善就业困难人员享受扶持政策期满退出办法，做好退出后的政策衔接和就业服务。依法大力推进残疾人按比例就业，加大对用人单位安置残疾人的补贴和奖励力度，建立用人单位按比例安排残疾人就业公示制度。加快完善残疾人集中就业单位扶持政策，推进残疾人辅助性就业和灵活就业。加大对困难人员就业援助力度，确保零就业家庭、最低生活保障家庭等困难家庭至少有一人就业。对就业困难人员较集中的地区，上级政府要强化帮扶责任，加大产业、项目、资金、人才等支持力度。

（十五）推进农村劳动力转移就业

结合新型城镇化建设和户籍制度改革，建立健全城乡劳动者平等就业制度，进一步清理针对农民工就业的歧视性规定。完善职业培训、就业服务、劳动维权"三位一体"的工作机制，加强农民工输出输入地劳务对接，特别是对劳动力资源较为丰富的老少边穷地区，充分发挥各类公共就业服务机构和人力资源服务机构作用，积极开展有组织的劳务输出，加强对转移就业农民工的跟踪服务，有针对性地帮助其解决实际困难，推进农村富余劳动力有序外出就业和就地就近转移就业。做好被征地农民就业工作，在制定征地补偿安置方案时，要明确促进被征地农民就业的具体措施。

（十六）促进退役军人就业

扶持自主择业军转干部、自主就业退役士兵就业创业，落实各项优惠政策，组织实施教育培训，加强就业指导和服务，搭建就业创业服务平台。对符合政府安排工作条件的退役士官、义务兵，要确保岗位落实，细化完善公务员招录和事业单位招聘时同等条件优先录用（聘用），以及国有、国有控股和国有资本占主导地位企业按比例预留岗位择优招录的措施。退役士兵报考公务员、应聘事业单位职位的，在军队服现役经历视为基层工作经历，服现役年限计算为工作年限。调整完善促进军转干部及随军家属就业税收政策。

四、加强就业创业服务和职业培训

（十七）强化公共就业创业服务

健全覆盖城乡的公共就业创业服务体系，提高服务均等化、标准化和专业化水平。完善公共就业服务体系的创业服务功能，充分发挥公共就业服务、中小企业服务、高校毕业生就业指导等机构的作用，为创业者提供项目开发、开业指导、融资服务、跟踪扶持等服务，创新服务内容和方式。健全公共就业创业服务经费保障机制，切实将县级以上公共就业创业服务机构和县级以下（不含县级）基层公共就业创业服务平台经费纳入同级财政预算。将职业介绍补贴和扶持公共就业服务补助合并调整为就业创业服务补贴，支持各地按照精准发力、绩效管理的原则，加强公共就业创业服务能力建设，向社会力量购买基本就业创业服务成果。创新就业创业服务供给模式，形成多元参与、公平竞争格局，提高服务质量和效率。

（十八）加快公共就业服务信息化

按照统一建设、省级集中、业务协同、资源共享的原则，逐步建成以省级为基础、全国一体化的就业信息化格局。建立省级集中的就业信息资源库，加强信息系统应用，实现就业管理和就业服务工作全程信息化。推进公共就业信息服务平台建设，实现各类就业信息统一发布，健全全国就业信息监测平台。推进就业信息共享开放，支持社会服务机构利用政府数据开展专业化就业服务，推动政府、社会协同提升公共就业服务水平。

（十九）加强人力资源市场建设

加快建立统一规范灵活的人力资源市场，消除城乡、行业、身份、性别、残疾等影响平等就业的制度障碍和就业歧视，形成有利于公平就业的制度环境。健全统一的市场监管体系，推进人力资源市场诚信体系建设和标准化建设。加强对企业招聘行为、职业中介活动的规范，及时纠正招聘过程中的歧视、限制及欺诈等行为。建立国有企事业单位公开招聘制度，推动实现招聘信息公开、过程公开和结果公开。加快发展人力资源服务业，规范发展人事代理、人才推荐、人员培训、劳务派遣等人力资源服务，提升服务供给能力和水平。完善党政机关、企事业单位、社会各方面人才顺畅流动的制度体系。

（二十）加强职业培训和创业培训

顺应产业结构迈向中高端水平、缓解就业结构性矛盾的需求，优化高校学科专业结构，加快发展现代职业教育，大规模开展职业培训，加大创业培训力度。利用各类创业培训资源，开发针对不同创业群体、创业活动不同阶段特点的创业培训项目，把创新创业课程纳入国民教育体系。重点实施农民工职业技能提升和失业人员转业转岗培训，增强其就业创业和职业转换能力。尊重劳动者培训意愿，引导劳动者自主选择培训项目、培训方式和培训机构。发挥企业主体作用，支持企业以新招用青年劳动者和新转岗人员为重点开展新型学徒制培训。强化基础能力建设，创新培训模式，建立高水平、专兼职的创业培训师资队伍，提升培训质量，落实职业培训补贴政策，合理确定补贴标准。推进职业资格管理改革，完善有利于劳动者成长成才的培养、评价和激励机制，畅通技能人才职业上升通道，推动形成劳动、技能等要素按贡献参与分配的机制，使技能劳动者获得与其能力业绩相适应的工资待遇。

（二十一）建立健全失业保险、社会救助与就业的联动机制

进一步完善失业保险制度，充分发挥失业保险保生活、防失业、促就业的作用，鼓励领取失业保险金人员尽快实现就业或自主创业。对实现就业或自主创业的最低生活保障对象，在核算家庭收入时，可以扣减必要的就业成本。

（二十二）完善失业登记办法

在法定劳动年龄内、有劳动能力和就业要求、处于无业状态的城镇常住人员，可以到常住地的公共就业服务机构进行失业登记。各地公共就业服务机构要为登记失业的各类人员提供均等化的政策咨询、职业指导、职业介绍等公共就业服务和普惠性就业政策，并逐步使外来劳动者与当地户籍人口享有同等的就业扶持政策。将《就业失业登记证》调整为《就业创业证》，免费发放，作为劳动者享受公共就业服务及就业扶持政策的凭证。有条件的地方可积极推动社会保障卡在

就业领域的应用。

五、强化组织领导

(二十三) 健全协调机制

县级以上人民政府要加强对就业创业工作的领导，把促进就业创业摆上重要议程，健全政府负责人牵头的就业创业工作协调机制，加强就业形势分析研判，落实完善就业创业政策，协调解决重点难点问题，确保各项就业目标完成和就业局势稳定。有关部门要增强全局意识，密切配合，尽职履责。进一步发挥各人民团体以及其他社会组织的作用，充分调动社会各方促进就业创业积极性。

(二十四) 落实目标责任制

将就业创业工作纳入政绩考核，细化目标任务、政策落实、就业创业服务、资金投入、群众满意度等指标，提高权重，并层层分解，督促落实。对在就业创业工作中取得显著成绩的单位和个人，按国家有关规定予以表彰奖励。有关地区不履行促进就业职责，造成恶劣社会影响的，对当地人民政府有关负责人及具体责任人实行问责。

(二十五) 保障资金投入

各级人民政府要根据就业状况和就业工作目标，在财政预算中合理安排就业相关资金。按照系统规范、精简效能的原则，明确政府间促进就业政策的功能定位，严格支出责任划分。进一步规范就业专项资金管理，强化资金预算执行和监督，开展资金使用绩效评价，着力提高就业专项资金使用效益。

(二十六) 建立健全就业创业统计监测体系

健全就业统计指标，完善统计口径和统计调查方法，逐步将性别等指标纳入统计监测范围，探索建立创业工作统计指标。进一步加强和完善全国劳动力调查制度建设，扩大调查范围，增加调查内容。强化统计调查的质量控制。加大就业统计调查人员、经费和软硬件等保障力度，推进就业统计调查信息化建设。依托行业组织，建立健全行业人力资源需求预测和就业状况定期发布制度。

(二十七) 注重舆论引导

坚持正确导向，加强政策解读，及时回应社会关切，大力宣传促进就业创业工作的经验做法，宣传劳动者自主就业、自主创业和用人单位促进就业的典型事迹，引导全社会共同关心和支持就业创业工作，引导高校毕业生等各类劳动者转变观念，树立正确的就业观，大力营造劳动光荣、技能宝贵、创造伟大的时代风尚。

各地区、各部门要认真落实本意见提出的各项任务，结合本地区、本部门实际，创造性地开展工作，制定具体方案和配套政策，同时要切实转变职能，简化办事流程，提高服务效率，确保各项就业创业政策措施落实到位，以稳就业惠民生促进经济社会平稳健康发展。

国务院

2015 年 4 月 27 日

# 农业部办公厅关于加强农民
# 创新创业服务工作促进农民
# 就业增收的意见

农办加〔2015〕9号

各省、自治区、直辖市及计划单列市、新疆生产建设兵团农产品加工业、休闲农业、乡镇企业管理部门：

为深入贯彻《国务院办公厅关于发展众创空间推进大众创新创业的指导意见》精神，进一步营造良好的农民创新创业环境，激发农民创新活力和创业潜力，促进农民就业增收，现就加强农民创新创业服务工作提出如下意见。

一、深刻认识农民创新创业服务工作的重要意义

农民是新常态、新阶段背景下推动"大众创业、万众创新"中人数最多、潜力最大、需求最旺的重要群体。改革开放以来，我国农民创新创业蓬勃兴旺，不断为发展现代农业、壮大二三产业、建设新农村和推进城乡一体化作出贡献，涌现出一大批卓有建树的企业家和懂经营、善管理、素质高、沉得下、留得住的农民创新创业骨干队伍。与此同时，各地主管部门认真履责、主动作为，推动农民创新创业服务工作广泛开展。但就整体而言，农民创新创业服务能力尚待提高，服务体系尚不健全，制约了农民创新创业开展。

各地实践表明，加强农民创新创业服务工作，有利于以创新引领创业、以创业带动就业，吸引各种资源要素和人气向农村聚集，培植农产品加工业、休闲农业和农村二三产业新增长点；有利于构建现代农业产业体系、生产体系和经营体系，推动农村一二三产业融合发展，促进农民就业增收；有利于筑牢新农村和小城镇产业支撑，促进城乡发展一体化，推动稳增长、调结构、促改革、惠民生。因此，必须把加强农民创新创业服务工作作为主管部门的重要职责，进一步增强责任感使命感，下大力气、形成合力、

抓紧抓好。

二、正确把握农民创新创业服务工作的总体要求

加强农民创新创业服务工作，要认真贯彻落实党中央、国务院关于促进农民创新创业的一系列方针政策，坚持政府推动、政策扶持、农民主体、社会支持相结合，在农村和城乡一体化区域范围内，利用平台建设、政策扶持、创业辅导、公共服务、宣传推介等主要手段，以农村能人、返乡农民工、退役军人和大学生村官创办农产品加工业、休闲农业、民俗民族工艺产业和农村服务业为重点，以营造良好农民创新创业生态环境为目标，以激发农民创新创业活力为主线，探索走出示范先行、积累经验、辐射带动、整体推进的新路子，建立完善农民创新创业服务体系，孵化培育一大批农村小型微型企业，促进农民创新创业群体高度活跃，推动农民创新创业文化氛围更加浓厚。

要坚持市场导向，尊重农民的主体地位，鼓励社会资本支持农民创业。坚持政策扶持，降低创新创业门槛，着力培育创新人才和创业带头人。坚持因地制宜，发挥"三农"资源特色优势，不断拓宽创新创业领域。坚持就地就近，将农民创业与新农村建设、小城镇产业支撑、现代农业发展和区域经济特色结合起来，优化资源配置。坚持典型带动，激励成功与宽容失败相结合，形成点创新、线延伸、面推广的格局。坚持改革创新，推动"产学研推用"协同创新，提供农民创新创业体制和机制保障。坚持绿色低碳，鼓励发展资源节约、环境友好型产业和产品，助力生态文明建设和绿色化发展。坚持艰苦创业，大力倡导弘扬乡镇企业想尽千方百计、说尽千言万语、受尽千辛万苦、走尽千山万水的"四千精神"，培育企业家精神，提高创新创业效率。

三、认真推动落实促进农民创新创业的扶持政策

对农民引进新业态、新技术、新产品、新模式进行创新和农民利用自身积累、发现机会、整合资源、适应市场需求创办的小型微型企业，要为其积极争取平等待遇，享受现有扶持创新创业、小型微型企业、"三农"金融支持和强农惠农富农的一系列政策措施，正在实施的农产品初加工设施补助政策、关键技术推广、休闲农业示范创建

等要向农民创新创业倾斜。整合统计直报点和农民创业联系点，建立一批"农民创新创业环境和成本监测点"，发布"农民创新创业环境和成本监测分析报告"。对于那些促进农民创新创业政策环境好、服务优、意识强、氛围浓、农民创新创业活跃指数高、效果显著的县建成农民创新创业示范县。通过经验总结、模式研究、案例分析等手段，树立一批可借鉴、可复制、可推广的典型，引领更多的地方政府为农民创新创业创设政策、降低门槛、改善环境、提供服务。

四、努力搭建农民创新创业示范基地

支持和鼓励各类企业和社会机构利用现有乡镇工业园区、闲置土地、厂房、校舍和批发市场、楼宇、商业街、科研培训设施，为农民创新创业提供孵化服务，按照标准建成设施完善、功能齐全、服务周到的农民众创空间和农民创新创业示范基地。鼓励知名乡镇企业、小康村、农产品加工企业、休闲农业企业等为农民创新创业提供实习、实训和见习服务，按照标准建成农民创新创业见习基地。

五、进一步强化农民创新创业培训辅导

联合大专院校探索实行"理论学习+实践教学"的分段培养模式，争取为农民创新创业制定专门培养计划。依托现有乡镇企业、农产品加工业和休闲农业培训机构，开展农民创新创业指导师、农民创新创业辅导员培训，建设一支专家导师（须为大专院校、科研院所专家）、企业家导师（须为企业生产经营管理人员）为主体的农民创新创业指导人员队伍。广泛组织农民创新创业、技术能手、职业技能培训，不断提升创新创业农民的综合素质、创业能力和技能水平，鼓励农民发展新业态、新技术、新产品，创新商业模式，大力发展"互联网+"和电子商务，引导各类农民创新创业主体与电商企业对接，培育农民电商带头人，对于那些创业成功、示范带动作用明显的农民创新创业者，按照标准将其培育成农民创新创业之星。

六、积极提供农民创新创业各类专业服务

依托现有的乡镇企业（中小企业）服务中心、创业服务中心等服务机构，通过政府购买服务、项目招投标等方式健全服务功能，整合社会资源，为农民创新创业提供包括政务、事务等专业和综合类的服务。要充分发挥大专院校、科研院所、行业协会和社会中介组织的作用，开展研发设计、检验检测、技术咨询、市场拓展等行业综合服务以及信息、资金、法律、知识产权、财务、咨询、技术转移等专业化服务。要加强法律援助，协助农民创新创业中遇到的解纷。同时充分发挥重点乡镇企业、农产品加工龙头企业、休闲农业示范企业、小康村、大型农贸市场和乡镇工业园区的作用，组织创新创业农民与其对接，形成企业带动、名村带动、市场带动和园区带动农民创新创业的格局，真正做到"扶上马，送一程"。

七、不断探索农民创新创业融资模式

探索由各级农产品加工业、休闲农业、乡镇企业协会和中介组织牵头，吸引相关的投资机构、金融机构、企业和其他社会资金建立农民创新创业发展基金。培育一批天使投资人，引入风险投资机制，发挥多层次资本市场作用，为创新创业农民提供投融资、担保、质押等多种方式的综合金融服务。加强与金融机构的合作，为农民创新创业提供低息、贴息贷款以及方便、高效的金融服务，不断降低农民创新创业的融资成本。

八、切实提高加强农民创新创业服务工作的指导水平

各地要高度重视推进农民创新创业服务工作，加强对农民创新创业服务工作的组织领导。农业部农村社会事业发展中心（农业部乡镇企业发展中心）要制定具体实施方案加以推进；各级农产品加工业、休闲农业、乡镇企业主管部门要分别制定工作方案加以实施，要加强与相关部门的工作协调，研究加强农民创新创业服务工作的政策措施。同时，充分发挥中国乡镇企业协会等社团组织的作用，帮助解决农民创新创业中的问题和困难，组织宣传推广农民创新创业的奋斗历程和成功经验，推介一批示范典型，不断激发农民的创新创业潜力，让农村大众创业、万众创新蔚然成风。

农业部办公厅

2015 年 3 月 30 日

# 国务院关于做好当前和今后一段时期就业创业工作的意见

国发〔2017〕28 号

各省、自治区、直辖市人民政府,国务院各部委、各直属机构:

就业是 13 亿多人口最大的民生,也是经济发展最基本的支撑。党中央、国务院坚持把就业放在经济社会发展的优先位置,强力推进简政放权、放管结合、优化服务改革,营造鼓励大众创业、万众创新的良好环境,加快培育发展新动能,就业局势保持总体稳定。但也要看到,当前经济社会发展中还存在不少困难和问题,部分地区、行业、群体失业风险有所上升,招工难与就业难并存的结构性矛盾加剧,新就业形态迅速发展对完善就业政策提出了新要求。面对就业形势的新变化和新挑战,必须把就业作为重中之重,坚持实施就业优先战略和更加积极的就业政策,坚决打好稳定和扩大就业的硬仗,稳住就业基本盘,在经济转型中实现就业转型,以就业转型支撑经济转型。现就进一步做好就业创业工作提出以下意见。

一、坚持实施就业优先战略

(一)促进经济增长与扩大就业联动

稳增长的主要目的是保就业,要创新宏观调控方式,把稳定和扩大就业作为区间调控的下限,保持宏观政策连续性稳定性,促进经济中高速增长,增强对就业拉动能力。若城镇新增就业大幅下滑、失业率大幅攀升,要加大财政政策和货币政策调整实施力度,促进经济企稳向好,确保就业稳定。加强经济政策与就业政策衔接,在制定财税、金融、产业、贸易、投资等重大政策时,要综合评价对就业岗位、就业环境、失业风险等带来的影响,促进经济增长与扩大就业联动、结构优化与就业转型协同。(国家发展改革委、财政部、工业和信息化部、商务部、人民银行、税务总局等负责。列第一位者为牵头单位,下同)

(二)促进产业结构、区域发展与就业协同

优化发展环境,推进实施政府和社会资本合作,大力发展研究设计、电子商务、文化创意、全域旅游、养老服务、健康服务、人力资源服务、服务外包等现代服务业。完善多元化产业体系，既注重发展资本、技术和知识密集的先进制造业、战略性新兴产业，又要支持劳动密集型产业发展，降低实体经济成本，推进传统产业绿色改造，创造更多就业机会。结合区域发展战略实施，引导东部地区产业向中西部和东北地区有序转移，落实完善中西部地区外商投资优势产业目录，支持中西部地区利用外资，引导劳动者到重点地区、重大工程、重大项目、重要领域就业。（国家发展改革委、科技部、工业和信息化部、民政部、财政部、人力资源社会保障部、商务部、文化部、国家卫生计生委、国家旅游局等负责）

（三）发挥小微企业就业主渠道作用

落实小微企业降税减负等一系列扶持政策和清理规范涉企收费有关政策。着力推进小微企业创新发展，推动小微企业创业创新示范基地建设，搭建公共服务示范平台。加大科研基础设施、大型科研仪器向小微企业开放力度，为小微企业产品研发、试制提供支持。鼓励高校、科研院所及企业向小微企业转移科技成果，有条件的地区可推动开放共享一批基础性专利或购买一批技术资源，支持小微企业协同创新。（工业和信息化部、国家发展改革委、教育部、科技部、财政部、税务总局、国家知识产权局等负责）

（四）缓解重点困难地区就业压力

促进资源型城市转型发展，实施替代产业培育行动计划，扶持劳动密集型产业、服务业和小微企业发展。补齐基础设施短板，加大对商贸流通、交通物流、信息网络等建设和改造项目的倾斜力度，完善公共服务设施，实施西部和东北地区人力资源市场建设援助计划。强化人才支撑，加大招才引智力度，引导科研院所、博士后工作站、高校在具备条件的资源型城市布局，对急需紧缺人才可提供研究场地、科研经费、安家补助等政策支持。对地处偏远、资源枯竭、不适宜居住的独立工矿区，有组织地开展跨地区劳务对接。对去产能任务重、待岗职工多、失业风险大的困难地区，实施就业援助行动。（国家发展改革委、教育部、科技部、工业和信息化部、财政部、人力资源社会保障部、交通运输部、商务部、全国总工会、共青团中央、全国妇

联等负责)

二、支持新就业形态发展

(五) 支持新兴业态发展

以新一代信息和网络技术为支撑,加强技术集成和商业模式创新,推动平台经济、众包经济、分享经济等创新发展。改进新兴业态准入管理,加强事中事后监管。将鼓励创业创新发展的优惠政策面向新兴业态企业开放,符合条件的新兴业态企业均可享受相关财政、信贷等优惠政策。推动政府部门带头购买新兴业态企业产品和服务。(国家发展改革委、工业和信息化部、财政部、商务部、人民银行、工商总局等负责)

(六) 完善适应新就业形态特点的用工和社保等制度

支持劳动者通过新兴业态实现多元化就业,从业者与新兴业态企业签订劳动合同的,企业要依法为其参加职工社会保险,符合条件的企业可按规定享受企业吸纳就业扶持政策。其他从业者可按灵活就业人员身份参加养老、医疗保险和缴纳住房公积金,探索适应灵活就业人员的失业、工伤保险保障方式,符合条件的可享受灵活就业、自主创业扶持政策。加快建设"网上社保",为新就业形态从业者参保及转移接续提供便利。建立全国住房公积金异地转移接续平台,为跨地区就业的缴存职工提供异地转移接续服务。(人力资源社会保障部、财政部、住房城乡建设部等负责)

三、促进以创业带动就业

(七) 优化创业环境

持续推进"双创",全面落实创业扶持政策,深入推进简政放权、放管结合、优化服务改革。深化商事制度改革,全面实施企业"五证合一、一照一码"、个体工商户"两证整合",部署推动"多证合一"。进一步减少审批事项,规范改进审批行为。指导地方结合实际整合市场监管职能和执法力量,推进市场监管领域综合行政执法改革,着力解决重复检查、多头执法等问题。(国家发展改革委、中央编办、工商总局等按职责分工负责)

(八) 发展创业载体

加快创业孵化基地、众创空间等建设,试点推动老旧商业设施、仓储设施、闲置楼宇、过剩商业地产转为创业孵化基地。整合部门资源，发挥孵化基地资源集聚和辐射引领作用，为创业者提供指导服务和政策扶持，对确有需要的创业企业，可适当延长孵化周期。各地可根据创业孵化基地入驻实体数量和孵化效果，给予一定奖补。（人力资源社会保障部、国家发展改革委、科技部、财政部、住房城乡建设部等负责）

（九）加大政策支持

继续实施支持和促进重点群体创业就业的税收政策。对首次创办小微企业或从事个体经营并正常经营1年以上的高校毕业生、就业困难人员，鼓励地方开展一次性创业补贴试点工作。对在高附加值产业创业的劳动者，创业扶持政策要给予倾斜。（财政部、人力资源社会保障部、税务总局等负责）

（十）拓宽融资渠道

落实好创业担保贷款政策，鼓励金融机构和担保机构依托信用信息，科学评估创业者还款能力，改进风险防控，降低反担保要求，健全代偿机制，推行信贷尽职免责制度。促进天使投资、创业投资、互联网金融等规范发展，灵活高效满足创业融资需求。有条件的地区可通过财政出资引导社会资本投入，设立高校毕业生就业创业基金，为高校毕业生创业提供股权投资、融资担保等服务。（人民银行、国家发展改革委、财政部、人力资源社会保障部、银监会、证监会等负责）

四、抓好重点群体就业创业

（十一）鼓励高校毕业生多渠道就业

实施高校毕业生就业创业促进计划，健全涵盖校内外各阶段、就业创业全过程的服务体系，促进供需对接和精准帮扶。教育引导高校毕业生树立正确的就业观念，促进他们更好参与到就业创业活动中，敢于通过创业实现就业。实施高校毕业生基层成长计划，引导鼓励高校毕业生到城乡基层、中小微企业就业，落实学费补偿、助学贷款代偿、资金补贴等政策，建立高校毕业生"下得去、留得住、干得好、流得动"的长效机制。鼓励高校毕业生到社会组织就业，对于吸纳高校毕业生就业的社会组织，符合条件的可同等享受企业吸纳就业扶持政策。鼓励科研项目单位吸纳高校毕业生参与研究，按规定将社会保险补助纳入劳务费列支，劳务费不设比例限制。鼓励大学生应征入伍，落实好学费资助、助学贷款代偿、优抚安置等政策。合理安排机关事业单位招录（招聘）和高校毕业生基层服务项目招募时间，优化录用（聘用）流程，为高校毕业生求职就业提供便利。支持高校毕业生到国际组织实习任职。加大就业见习力度，允许就业见习补贴用于见习单位为见习人员办理人身意外伤害保险以及对见习人员的指导管理费用，艰苦边远地区、老工业基地、国家级贫困县可将见习对象范围扩大到离校未就业中职毕业生。加大对困难高校毕业生的帮扶力度，将求职创业补贴补助范围扩展到贫困残疾人家庭、建档立卡贫困家庭高校毕业生和特困人员中的高校毕业生。促进留学回国人员就业创业，实施留学人员回国创新创业启动支持计划，鼓励留学人员以知识产权等无形资产入股方式创办企业。简化留学人员学历认证等手续，降低服务门槛，依法为全国重点引才计划引进人才及由政府主管部门认定的海外高层次留学人才申请永久居留提供便利。实施有效的人才引进和扶持政策，吸引更多人才回流，投身创业创新。（人力资源社会保障部、教育部、工业和信息化部、公安部、财政部、民政部、人民银行、工商总局、国家知识产权局、全国总工会、共青团中央、中国残联等负责）

（十二）稳妥安置化解钢铁煤炭煤电行业过剩产能企业职工

鼓励去产能企业多渠道分流安置职工，支持企业尽最大努力挖掘内部安置潜力，对不裁员或少裁员的，降低稳岗补贴门槛，提高稳岗补贴标准。促进分流职工转岗就业创业，对单位新增岗位吸纳去产能分流人员的，按规定给予企业吸纳就业扶持政策；对自主创业的分流人员，要优先安排入驻各类创业孵化基地，落实创业扶持政策；对确实难以安置的就业困难人员，新增及腾退的公益性岗位要优先安置。要将符合条件的去产能企业下岗职工纳入现行就业创业政策扶持范围。积极稳妥、依法依规处理劳动关系，对本轮化解钢铁煤炭煤电行业过剩企业产能职工因解除劳动合同依法取得的一次性补偿收入，符合相关税收法律法规规定条件的，可享受相关个人所得税政策。稳妥做好国有企业瘦身健体、提质增效、剥离企业办社会职能过程中的职工安置工作。（人力资源社会保障部、国家发展改革委、工业和信息化部、

财政部、国务院国资委、税务总局、全国总工会等负责）

（十三）健全城乡劳动者平等就业制度

农村转移劳动者在城镇常住并处于无业状态的，可在城镇常住地进行失业登记。公共就业服务机构要为其提供均等化公共就业服务和普惠性就业政策，并逐步使外来劳动者与当地户籍人口享有同等的就业扶持政策。对在农村常住并处于无地无业状态的劳动者，有条件的地区可探索为其在农村常住地进行失业登记，并提供相应的就业服务和政策扶持。加大对发展潜力大、吸纳农业转移人口多的县城和重点镇用地计划指标倾斜，大力发展特色县域经济、魅力小镇、乡村旅游和农村服务业，为农村劳动者就地就近转移就业创造空间。促进农民工返乡创业，大力发展农民合作社、种养大户、家庭农场、建筑业小微作业企业、"扶贫车间"等生产经营主体，其中依法办理工商登记注册的可按规定享受小微企业扶持政策，对吸纳贫困家庭劳动力就业并稳定就业 1 年以上的，地方可酌情给予一定奖补。鼓励金融机构按照商业化可持续发展原则，运用扶贫再贷款优先支持带动建档立卡贫困户就业发展的企业及家庭农场、专业大户、农民合作社等经济主体。适应新生代农民工就业创业特点，推进职业培训对新生代农民工全覆盖，创新培训内容和方式，多渠道、广领域拓宽就业创业渠道，引导新生代农民工到以"互联网+"为代表的新产业、新业态就业创业。推动农村劳动力有序外出就业，对人力资源服务机构、劳务经纪人等市场主体开展有组织劳务输出的，给予就业创业服务补贴。加大对贫困人口特别是易地扶贫搬迁贫困人口转移就业的支持力度，确保他们搬得出、稳得住、能致富。（人力资源社会保障部、国家发展改革委、财政部、国土资源部、农业部、人民银行、国家旅游局、国务院扶贫办等按职责分工负责）

（十四）完善就业援助长效机制

全面落实各项扶持政策，促进结构调整、转型升级中的失业人员再就业。合理确定就业困难人员范围，强化分类帮扶和实名制动态管理，确保零就业家庭、有劳动能力的成员均处于失业状态的低保家庭至少有一人稳定就业。加强社会保障与就业联动，对实现就业的低保对象，在核算其家庭收入时可扣减必要的就业成本，增强其就业意愿

和就业稳定性。（人力资源社会保障部、民政部、财政部、中国残联负责）

（十五）促进退役军人就业创业

认真做好军队转业干部安置工作，大力扶持自主择业军队转业干部就业创业，积极开展就业服务、职业培训、创业孵化等服务活动，按规定落实相关扶持政策。加大退役士兵安置工作力度，对符合政府安排工作条件的，要采取刚性措施，确保岗位落实、妥善安置。对自主就业的，要强化教育培训，落实优惠政策，提高就业创业成功率。（人力资源社会保障部、民政部等按职责分工负责）

五、强化教育培训和就业创业服务

（十六）提高教育培训质量

坚持面向市场、服务发展、促进就业的人力资源开发导向，着力化解就业结构性矛盾。深入推进高校创新创业教育改革，加快高校学科专业结构调整优化，健全专业预警和动态调整机制，深化课程体系、教学内容和教学方式改革。更好发挥职业教育和职业培训作用，推进职业教育和职业培训精准对接产业发展需求、精准契合受教育者需求，加快发展现代职业教育，着力提高学生的就业能力和创造能力。实施现代职业教育质量提升计划、产教融合发展工程、高技能人才振兴计划和大国工匠培训支持计划，统筹普通高中和中等职业教育协调发展，提高中等职业教育招生比例，大力发展技工教育，大规模开展职业培训，广泛开展岗位练兵、技术比武、技能竞赛、师徒帮教等活动，加快培育大批具有专业技能和工匠精神的高素质劳动者和技术技能人才，确保企业职工教育经费足额提取并合理使用。健全技能人才多元化评价机制，完善技能人才职业技能等级认定政策并做好与职业资格制度的衔接，建立职业资格、职业技能等级与相应职称比照认定制度，用人单位聘用的高级工、技师、高级技师可比照相应层级工程技术人员享受同等待遇。（教育部、国家发展改革委、财政部、人力资源社会保障部、全国总工会、共青团中央等按职责分工负责）

（十七）完善职业培训补贴方式

根据产业发展和市场需求，定期发布重点产业职业培训需求、职业资格和职业技能等级评定指导目录，对指导目录内的职业培训和技能鉴定，完善补贴标准，简化审核流程。创新培训模式，探索职业培训包模式，充分运用职业培训补贴，支持优质培训机构开发数字培训课程，支持平台开展网上创业培训，支持培训机构引进国外优质资源或开展联合办学。在现行职业培训补贴直接补贴个人方式基础上，可根据去产能企业失业人员、建档立卡贫困人口的特点，创新培训组织形式，采取整建制购买培训项目、直接补贴培训机构等方式开展集中培训。依法参加失业保险3年以上、当年取得职业资格证书或职业技能等级证书的企业职工，可申请参保职工技能提升补贴，所需资金按规定从失业保险基金中列支。（人力资源社会保障部、财政部等负责）

（十八）强化公共就业创业服务

着力推进公共就业创业服务专业化，合理布局服务网点，完善服务功能，细化服务标准和流程，增强主动服务、精细服务意识。创新服务理念和模式，根据不同群体、企业的特点，提供个性化、专业化的职业指导、就业服务和用工指导。加强公共就业创业服务从业人员职业化建设，建立定期培训、持证上岗制度。落实政府购买基本公共就业创业服务制度，充分运用就业创业服务补贴政策，支持公共就业创业服务机构和高校开展招聘活动和创业服务，支持购买社会服务，为劳动者提供职业指导、创业指导、信息咨询等专业化服务。加强公共就业创业服务信息化建设，在充分利用现有平台基础上，建立"互联网+"公共就业创业服务平台，推动服务向移动端、自助终端等延伸，扩大服务对象自助服务范围，推广网上受理、网上办理、网上反馈，实现就业创业服务和管理全程信息化。（人力资源社会保障部、财政部等负责）

（十九）推进人力资源市场建设

加强人力资源市场法治化建设，逐步形成完善的市场管理法规体系。深化人力资源市场整合改革，统筹建设统一规范、竞争有序的人力资源市场体系，打破城乡、地区、行业分割和身份、性别、残疾、院校等歧视。规范招人用人制度和职业中介服务，密切关注女性平等就业情况，促进妇女、残疾人等公平就业。建立与经济社会发展需求相适应的人力资源供求预测和信息发布制度。开展人力资源市场诚信体系建设，加快出台人力资源市场各类标准，创新事中事后监管方式，营造规范有序的市场环境。推进流动人员人事档案管理服务信息化建设。大力发展人力资源服务业，实施人力资源服务业发展推进计划。简化劳动者求职手续，有条件的地区可建立入职定点体检和体检结果互认机制，尽力避免手续过于繁琐、重复体检。（人力资源社会保障部、国家发展改革委、国家卫生计生委、工商总局、全国妇联、中国残联等负责）

六、切实加强组织实施

**（二十）强化政府责任**

各地要切实履行政府促进就业责任，政府主要负责同志为本地区就业工作第一责任人。完善就业工作目标责任制，纳入党政领导班子工作实绩考核。按照中央与地方财政事权和支出责任划分的原则，合理安排就业资金支出，加强资金使用管理和监督，提高资金使用效益。（人力资源社会保障部、国家发展改革委、财政部等负责）

**（二十一）狠抓政策落实**

加强政策宣传，强化督查问责和政策落实情况评估。健全激励机制和容错纠错机制，对抓落实有力有效的，加大政策和资金倾斜力度，适时予以表彰；对大胆探索、担当尽责、不谋私利，但在依法依规履行职责过程中由于难以预见因素出现失误或错误的，可容错免责；对不履行或者不正确履行职责的，依纪依法严肃问责。（人力资源社会保障部、监察部、财政部等负责）

**（二十二）加强统计监测和形势研判**

完善统计监测制度，探索建立新就业形态、劳动者创业等统计监测指标。扩大就业数据信息来源，加强就业数据与宏观经济数据的比对分析，充分利用大数据技术开展就业监测，为加强形势研判、落实完善政策、实施精准服务提供有力支撑。（国家统计局、教育部、人力资源社会保障部、国家发展改革委、工业和信息化部、农业部、商务部、工商总局等负责）

**（二十三）防范化解失业风险**

增强风险意识和底线思维，根据就业失业重点指标、人力资源市场供求、宏观经济运行等变化，及早发现异常情况和潜在风险，按照分级预警、分层响应、分类施策的原则，制定应对规模性失业风险预案。对出现严重规模性失业风险的地区，省级人民政府可通过提高稳岗补贴标准、开展以工代赈、组织跨地区劳务对接、合理降低企业人工成本、阶段性延长领取失业保险金期限、开展生活帮扶等措施，化解失业风险。（人力资源社会保障部、国家发展改革委、财政部、民政部、商务部、人民银行、工商总局等负责）

各地区、各有关部门要结合实际，进一步细化政策措施，抓好贯彻落实，为保持就业局势稳定、加快推进经济转型升级提供有力保障。

国务院

2017 年 4 月 13 日

# 财政部　国家税务总局 人力资源和社会保障部 关于继续实施支持和促进重点群体创业就业 有关税收政策的通知

财税〔2017〕49 号

各省、自治区、直辖市、计划单列市财政厅（局）、国家税务局、地方税务局、人力资源社会保障厅（局），新疆生产建设兵团财务局、人力资源社会保障局：

为支持和促进重点群体创业就业，现将有关税收政策通知如下：

一、对持《就业创业证》（注明"自主创业税收政策"或"毕业年度内自主创业税收政策"）或《就业失业登记证》（注明"自主创业税收政策"或附着《高校毕业生自主创业证》）的人员从事个体经营的，在 3 年内按每户每年 8000 元为限额依次扣减其当年实际应缴纳的增值税、城市维护建设税、教育费附加、地方教育附加和个人所得税。限额标准最高可上浮 20%，各省、自治区、直辖市人民政府可根据本地区实际情况在此幅度内确定具体限额标准，并报财政部和税务总局备案。

纳税人年度应缴纳税款小于上述扣减限额的，以其实际缴纳的税款为限；大于上述扣减限额的，以上述扣减限额为限。

上述人员是指：1. 在人力资源社会保障部门公共就业服务机构登记失业半年以上的人员；2. 零就业家庭、享受城市居民最低生活保障家庭劳动年龄内的登记失业人员；3. 毕业年度内高校毕业生。高校毕业生是指实施高等学历教育的普通高等学校、成人高等学校应届毕业的学生；毕业年度是指毕业所在自然年，即 1 月 1 日至 12 月 31 日。

二、对商贸企业、服务型企业、劳动就业服务企业中的加工型企业和街道社区具有加工性质的小型企业实体，在新增加的岗位中，当年新招用在人力资源社会保障部门公共就业服务机构登记失业半年以上且持《就业创业证》或《就业失业登记证》（注明"企业吸纳税收政策"）人员，与其签订 1 年以上期限劳动合同并依法缴纳社会保险费的，在 3 年内按实际招用人数予以定额依次扣减增值税、城市维护建设税、教育费附加、地方教育附加和企业所得税优惠。定额标准为每人每年 4000 元，最高可上浮 30%，各省、自治区、直辖市人民政府可根据本地区实际情况在此幅度内确定具体定额标准，并报财政部和税务总局备案。

按上述标准计算的税收扣减额应在企业当年实际应缴纳的增值税、城市维护建设税、教育费附加、地方教育附加和企业所得税税额中扣减，当年扣减不完的，不得结转下年使用。

本条所称服务型企业，是指从事《销售服务、无形资产、不动产注释》（《财政部 国家税务总局关于全面推开营业税改征增值税试点的通知》——财税〔2016〕36 号附件）中"不动产租赁服务"、"商务辅助服务"（不含货物运输代理和代理报关服务）、"生活服务"（不含文化体育服务）范围内业务活动的企业以及按照《民办非企业单位登记管理暂行条例》（国务院令第 251 号）登记成立的民办非企业单位。

三、享受上述优惠政策的人员按以下规定申领《就业创业证》：

（一）按照《就业服务与就业管理规定》（人力资源社会保障部令第 24 号）第六十三条的规定，在法定劳动年龄内，有劳动能力，有就业要求，处于无业状态的城镇常住人员，在公共就业服务机构进行失业登记，申领《就业创业证》。对其中的零就业家庭、城市低保家庭的登记失业人员，公共就业服务机构应在其《就业创业证》上予以注明。

（二）毕业年度内高校毕业生在校期间凭学生证向公共就业服务机构按规定申领《就业创业证》，或委托所在高校就业指导中心向公共就业服务机构按规定代为其申领《就业创业证》；毕业年度内高校毕业生离校后直接向公共就业服务机构按规定申领《就业创业证》。

（三）上述人员申领相关凭证后，由就业和创业地人力资源社会保障部门对人员范围、就业失业状态、已享受政策情况进行核实，在《就业创业证》上注明"自主创业税收政策"、"毕业年度内自主创业税收政策"或"企业吸纳税收政策"字样，同时符合自主创业和企业吸纳税收政策条件的，可同时加注；主管税务机关在《就业创业证》上加盖戳记，注明减免税所属时间。

四、本通知的执行期限为 2017 年 1 月 1 日至 2019 年 12 月 31 日。本通知规定的税收优惠政策按照备案减免税管理，纳税人应向主管税务机关备案。税收优惠政策在 2019 年 12 月 31 日未享受满 3 年的，可继续享受至 3 年期满为止。

对《财政部 国家税务总局关于全面推开营业税改征增值税试点的通知》（财税〔2016〕36 号）文件附件 3 第三条第（二）项政策，纳税人在 2016 年 12 月 31 日未享受满 3 年的，可按现行政策继续享受至 3 年期满为止。

五、本通知所述人员不得重复享受税收优惠政策，以前年度已享受扶持就业的专项税收优惠政策的人员不得再享受本通知规定的税收优惠政策。如果企业的就业人员既适用本通知规定的税收优惠政策，又适用其他扶持就业的专项税收优惠政策，企业可选择适用最优惠的政策，但不能重复享受。

六、上述税收政策的具体实施办法由税务总局会同财政部、人力资源社会保障部、教育部、民政部另行制定。

各地财政、税务、人力资源社会保障部门要加强领导、周密部署，把大力支持和促进重点群体创业就业工作作为一项重要任务，主动做好政策宣传和解释工作，加强部门间的协调配合，确保政策落实到位。同时，要密切关注税收政策的执行情况，对发现的问题及时逐级向财政部、税务总局、人力资源社会保障部反映。

财政部 税务总局
人力资源社会保障部
2017 年 6 月 12 日

# 人力资源社会保障部办公厅关于推进
# 公共就业服务专业化的意见

人社厅发〔2017〕86号

各省、自治区、直辖市及新疆生产建设兵团人力资源社会保障厅（局）：

公共就业服务是促进市场供需匹配、实施就业援助的重要载体，是政府促进就业的重要手段。当前，公共就业服务还存在着服务内容简单、服务方式粗放、服务手段落后、服务能力不足等突出问题，迫切需要运用专业知识和新技术新方法，进一步强化基本服务，创新服务模式，加强队伍建设，更好地服务于新形势下的就业创业工作。现就推进公共就业服务专业化提出以下意见：

一、拓展职业指导服务功能

各地要综合运用专业知识和方法，激发劳动者就业创业信心和积极性。充分利用职业素质测评的新工具和新方法，帮助劳动者合理确定职业定位和方向，做好职业生涯规划。组织各类新成长劳动力参观公共就业创业和人才服务机构，开展模拟求职应聘、现场观摩等体验式教学活动，帮助他们提高求职就业经验和技巧。加强劳动者失业原因分析，科学诊断其求职就业面临的困难和问题，有针对性地提出解决方案和建议。各地要加强对用人单位的用工指导，帮助用人单位根据市场供求状况科学制定和调整招聘计划，合理确定招聘条件，做好岗位需求特征描述等基础工作，提高招聘针对性和成功率。帮助用人单位建立完善相关管理制度，提高用工稳定性。积极宣传和解读就业创业政策，帮助用人单位申请和享受相关就业扶持政策，提高其吸纳就业积极性。

二、加大对重点群体的精准帮扶

各地要建立健全重点群体信息数据库，定期对辖区内长期失业的就业困难人员、高校毕业生等青年、去产能企业下岗职工、建档立卡贫困人员开展摸底调查，对个人状况、就业需求等情况及时登记和更新，实行实名制动态管理。结合劳动者就业经历、失业原因、知识技能、健康状况等因素，对其进行分级分类，综合运用职业介绍、职业指导、职业技能培训和创业培训、就业援助等措施，提供有针对性的精准帮扶。全程记录为每一名服务对象提供服务的过程及效果，定期进行跟踪回访和分析评估，及时调整帮扶措施，帮助其尽快实现就业创业。

三、完善就业信息服务制度

各地要健全岗位信息采集和核验制度，确保岗位信息真实有效。要注意做好劳动者隐私信息的安全保密工作。建立劳务协作信息互联互通和共享发布机制，推动就业创业信息跨地区共享。建立信息反馈机制，向服务对象及时反馈服务进展情况，向高校及时反馈实名制登记离校未就业毕业生的相关信息，指导用人单位将招聘岗位录用结果及时向求职者反馈。完善市场供求信息分析制度，加强信息分析和利用，合理引导用人单位招聘用工和劳动者求职择业，为科学分析就业形势、调整就业创业培训计划、开展就业创业服务提供参考依据。

四、加快信息技术应用

各地要加快公共就业服务信息化建设和应用，充分运用互联网和移动互联等现代信息技术，打造"互联网+公共就业服务"，构建基于实体大厅、网上平台、移动应用、自助终端等渠道的一体化公共就业服务平台。加快推进公共就业服务业务线上办理，凡具备网上办理条件的事项都要实现网上受理、网上办理、网上反馈，实现办理进度和办理结果网上实时查询，为劳动者和用人单位提供更加方便、快捷的服务。加强公共就业信息服务平台建设，尚未实现与中国公共招聘网联网的地方要加快推进联网进程，整合各类服务信息和数据，实现就业创业信息的联网共享和统一汇总发布。进一步加强全国就业信息监测平台建设，完善服务功能，提升数据质量，运用"大数据""云计算"等技术手段，加强对服务对象访问偏好和访问习惯分析，精准识别服务对象的需求，智能匹配服务内容和服务方式，探索开展行业、职业发展需求分析与预测。

五、创新就业服务模式

各地要加强各项服务措施的衔接配合，建立职业指导、职业介绍、职业技能培训、就业见习、创业服务等服务项目有机结合机制。建立职业指导人员服务基层机制，每一名职业指导人员每年要为一定数量特定服务对象提供服务，每一位长期失业者、就业困难人员、公益性岗位安置人员等服务对象都要确定专门的职业指导人员，建立长期固定联系，提供针对性服务。完善招聘会组织形式，根据当地人力资源结构特点，组织更多专业化、小型化的定向或专场招聘会。推进就业服务区域协作，发挥城市群和中心城市的辐射带动作用，推动重点地区公共就业服务共建共享，在服务内容、服务流程、服务标准等方面实现一体化，促进人力资源在区域间合理流动和有效配置。探索推进公共就业服务项目化，将有相同服务需求的劳动者组织到相关服务项目中，运用专业化服务技术和方法提高服务质量和效率。充分运用就业创业服务补贴政策和政府向社会力量购买服务机制，扩大服务供给，提升服务专业化水平。

六、推进服务便民利民

各地要加强公共就业服务标准化建设，优化服务流程，简化服务环节和手续。强化窗口单位作风建设，全面实行首问负责制、全程代理制、一次性告知制、限时办结制，加强与就业关联业务之间的信息共享和业务协同。整合窗口服务资源，推动同类服务窗口合并和功能重组，在完善"一站式"服务的基础上向"一柜式"服务转变，实行"前台综合受理、后台分类处理"。在办理各项业务的同时，开展服务对象满意度和服务需求调查，健全服务效果反馈和服务需求表达机制。完善服务场所功能布局，充分利用场地空间，合理划分功能区域。统筹规划城市范围内公共就业服务机构建设，合理布局服务网点，推广"15分钟服务圈"模式。开展公共就业服务示范城市建设，树立一批典型城市和公共就业服务机构服务示范窗口，引领各地提高服务质量和效率。深入开展充分就业社区建设，带动基层服务平台提升服务水平。

七、提升服务队伍能力

各地要加快建设结构合理、素质优良的职业指导人员、职业信息分析师、劳动保障协理员等专业化队伍。探索建立公共就业服务人员职业生涯发展和晋升通道，健全激励机制，稳定人员队伍。制定实施公共就业服务人员能力提升计划，通过组织定期轮训和专题培训等方式，全面提升工作人员能力和素质。加强与高校、科研单位、知名企业等的合作，开展定期培训、专题培训、脱产轮训，并充分运用互联网、云技术等手段，开展网上学习、远程教学等线上培训，多层次、多渠道培养公共就业服务专业人员。充分发挥公共就业服务相关协会作用，通过组织开展职业指导师等专业人员年会等形式，加强业务学习和服务技术方法交流，提高服务能力水平。开展就业服务技术国际交流合作，培养和提升公共就业服务人员队伍的创新能力和专业水平。

八、健全公共就业服务工作机制

各地要以城市为中心加强公共就业服务的统筹管理，围绕服务对象和市场需要组织实施就业服务项目，统一服务流程和标准，使各类劳动者在城市范围内都能享受到统一规范的服务。加强县级及以下基层公共就业服务平台建设，明确各级公共就业服务机构职能，指导街道（乡镇）和社区（行政村）劳动保障协理员重点做好劳动者就业失业信息及需求调查核实、就业创业服务信息上传下达等基础工作。健全公共就业服务经费保障机制，落实开展公共就业服务所需的基本支出和项目支出经费，充分发挥就业创业服务补助资金加强公共就业服务机构服务能力建设的作用。健全公共就业服务绩效考核机制，综合考虑服务工作量、服务成本、服务效果和服务对象满意度等因素，建立健全相应的绩效评价指标体系和考核办法。

各地要进一步加强对公共就业服务的组织领导，推进服务资源整合，理顺管理服务职能。要结合本地实际，在服务机制、服务模式和服务内容等方面积极探索、大胆创新。要大力总结和宣传有效做法、实践经验和典型事迹，推介公共就业服务理念、服务项目和服务品牌，树立公平、高效、优质的服务形象。

人力资源社会保障部办公厅

2017 年 7 月 25 日

# 就业服务与就业管理规定

中华人民共和国人力资源和社会保障部令

第 23 号

《人力资源社会保障部关于修改〈就业服务与就业管理规定〉的决定》已经 2014 年 12 月 1 日人力资源社会保障部第 52 次部务会讨论通过，现予公布，自 2015 年 2 月 1 日起施行。

部长　尹蔚民

2014 年 12 月 23 日

（2007 年 11 月 5 日劳动保障部令第 28 号公布；根据 2014 年 12 月 23 日《人力资源社会保障部关于修改〈就业服务与就业管理规定〉的决定》修订）

## 第一章　总　则

**第一条**　为了加强就业服务和就业管理，培育和完善统一开放、竞争有序的人力资源市场，为劳动者就业和用人单位招用人员提供服务，根据就业促进法等法律、行政法规，制定本规定。

**第二条**　劳动者求职与就业，用人单位招用人员，劳动保障行政部门举办的公共就业服务机构和经劳动保障行政部门审批的职业中介机构从事就业服务活动，适用本规定。

本规定所称用人单位，是指在中华人民共和国境内的企业、个体经济组织、民办非企业单位等组织，以及招用与之建立劳动关系的劳动者的国家机关、事业单位、社会团体。

**第三条**　县级以上劳动保障行政部门依法开展本行政区域内的就业服务和就业管理工作。

## 第二章　求职与就业

**第四条**　劳动者依法享有平等就业的权利。劳动者就业，不因民族、种族、性别、宗教信仰等不同而受歧视。

**第五条**　农村劳动者进城就业享有与城镇劳动者平等的就业权利，不得对农村劳动者进城就业设置歧视性限制。

**第六条**　劳动者依法享有自主择业的权利。劳动者年满 16 周岁，有劳动能力且有就业愿望的，可凭本人身份证件，通过公共就业服务机构、职业中介机构介绍或直接联系用人单位等渠道求职。

**第七条**　劳动者求职时，应当如实向公共就业服务机构或职业中介机构、用人单位提供个人基本情况以及与应聘岗位直接相关的知识技能、工作经历、就业现状等情况，并出示相关证明。

**第八条**　劳动者应当树立正确的择业观念，提高就业能力和创业能力。

国家鼓励劳动者在就业前接受必要的职业教育或职业培训，鼓励城镇初高中毕业生在就业前参加劳动预备制培训。

国家鼓励劳动者自主创业、自谋职业。各级劳动保障行政部门应当会同有关部门，简化程序，提高效率，为劳动者自主创业、自谋职业提供便利和相应服务。

## 第三章　招用人员

**第九条**　用人单位依法享有自主用人的权利。用人单位招用人员，应当向劳动者提供平等的就业机会和公平的就业条件。

**第十条**　用人单位可以通过下列途径自主招用人员：

（一）委托公共就业服务机构或职业中介机构；

（二）参加职业招聘洽谈会；

（三）委托报纸、广播、电视、互联网站等大众传播媒介发布招聘信息；

（四）利用本企业场所、企业网站等自有途径发布招聘信息；

（五）其他合法途径。

**第十一条**　用人单位委托公共就业服务机构或职业中介机构招用

人员，或者参加招聘洽谈会时，应当提供招用人员简章，并出示营业执照（副本）或者有关部门批准其设立的文件、经办人的身份证件和受用人单位委托的证明。

招用人员简章应当包括用人单位基本情况、招用人数、工作内容、招录条件、劳动报酬、福利待遇、社会保险等内容，以及法律、法规规定的其他内容。

**第十二条** 用人单位招用人员时，应当依法如实告知劳动者有关工作内容、工作条件、工作地点、职业危害、安全生产状况、劳动报酬以及劳动者要求了解的其他情况。

用人单位应当根据劳动者的要求，及时向其反馈是否录用的情况。

**第十三条** 用人单位应当对劳动者的个人资料予以保密。公开劳动者的个人资料信息和使用劳动者的技术、智力成果，须经劳动者本人书面同意。

**第十四条** 用人单位招用人员不得有下列行为：

（一）提供虚假招聘信息，发布虚假招聘广告；

（二）扣押被录用人员的居民身份证和其他证件；

（三）以担保或者其他名义向劳动者收取财物；

（四）招用未满 16 周岁的未成年人以及国家法律、行政法规规定不得招用的其他人员；

（五）招用无合法身份证件的人员；

（六）以招用人员为名牟取不正当利益或进行其他违法活动。

**第十五条** 用人单位不得以诋毁其他用人单位信誉、商业贿赂等不正当手段招聘人员。

**第十六条** 用人单位在招用人员时，除国家规定的不适合妇女从事的工种或者岗位外，不得以性别为由拒绝录用妇女或者提高对妇女的录用标准。

用人单位录用女职工，不得在劳动合同中规定限制女职工结婚、生育的内容。

**第十七条** 用人单位招用人员，应当依法对少数民族劳动者给予适当照顾。

**第十八条** 用人单位招用人员，不得歧视残疾人。

第十九条　用人单位招用人员，不得以是传染病病原携带者为由拒绝录用。但是，经医学鉴定传染病病原携带者在治愈前或者排除传染嫌疑前，不得从事法律、行政法规和国务院卫生行政部门规定禁止从事的易使传染病扩散的工作。

用人单位招用人员，除国家法律、行政法规和国务院卫生行政部门规定禁止乙肝病原携带者从事的工作外，不得强行将乙肝病毒血清学指标作为体检标准。

第二十条　用人单位发布的招用人员简章或招聘广告，不得包含歧视性内容。

第二十一条　用人单位招用从事涉及公共安全、人身健康、生命财产安全等特殊工种的劳动者，应当依法招用持相应工种职业资格证书的人员；招用未持相应工种职业资格证书人员的，须组织其在上岗前参加专门培训，使其取得职业资格证书后方可上岗。

第二十二条　用人单位招用台港澳人员后，应当按有关规定到当地劳动保障行政部门备案，并为其办理《台港澳人员就业证》。

第二十三条　用人单位招用外国人，应当在外国人入境前，按有关规定到当地劳动保障行政部门为其申请就业许可，经批准并获得《中华人民共和国外国人就业许可证书》后方可招用。

用人单位招用外国人的岗位必须是有特殊技能要求、国内暂无适当人选的岗位，并且不违反国家有关规定。

## 第四章　公共就业服务

第二十四条　县级以上劳动保障行政部门统筹管理本行政区域内的公共就业服务工作，根据政府制定的发展计划，建立健全覆盖城乡的公共就业服务体系。

公共就业服务机构根据政府确定的就业工作目标任务，制定就业服务计划，推动落实就业扶持政策，组织实施就业服务项目，为劳动者和用人单位提供就业服务，开展人力资源市场调查分析，并受劳动保障行政部门委托经办促进就业的相关事务。

第二十五条　公共就业服务机构应当免费为劳动者提供以下服务：

（一）就业政策法规咨询；

（二）职业供求信息、市场工资指导价位信息和职业培训信息发布；

（三）职业指导和职业介绍；

（四）对就业困难人员实施就业援助；

（五）办理就业登记、失业登记等事务；

（六）其他公共就业服务。

**第二十六条** 公共就业服务机构应当积极拓展服务功能，根据用人单位需求提供以下服务：

（一）招聘用人指导服务；

（二）代理招聘服务；

（三）跨地区人员招聘服务；

（四）企业人力资源管理咨询等专业性服务；

（五）劳动保障事务代理服务；

（六）为满足用人单位需求开发的其他就业服务项目。

公共就业服务机构从事劳动保障事务代理业务，须经县级以上劳动保障行政部门批准。

**第二十七条** 公共就业服务机构应当加强职业指导工作，配备专（兼）职职业指导工作人员，向劳动者和用人单位提供职业指导服务。

职业指导工作人员经过专业资格培训并考核合格，获得相应的国家职业资格证书方可上岗。

公共就业服务机构应当为职业指导工作提供相应的设施和条件，推动职业指导工作的开展，加强对职业指导工作的宣传。

**第二十八条** 职业指导工作包括以下内容：

（一）向劳动者和用人单位提供国家有关劳动保障的法律法规和政策、人力资源市场状况咨询；

（二）帮助劳动者了解职业状况，掌握求职方法，确定择业方向，增强择业能力；

（三）向劳动者提出培训建议，为其提供职业培训相关信息；

（四）开展对劳动者个人职业素质和特点的测试，并对其职业能力进行评价；

（五）对妇女、残疾人、少数民族人员及退出现役的军人等就业群体提供专门的职业指导服务；

（六）对大中专学校、职业院校、技工学校学生的职业指导工作提供咨询和服务；

（七）对准备从事个体劳动或开办私营企业的劳动者提供创业咨询服务；

（八）为用人单位提供选择招聘方法、确定用人条件和标准等方面的招聘用人指导；

（九）为职业培训机构确立培训方向和专业设置等提供咨询参考。

**第二十九条** 公共就业服务机构在劳动保障行政部门的指导下，组织实施劳动力资源调查和就业、失业状况统计工作。

**第三十条** 公共就业服务机构应当针对特定就业群体的不同需求，制定并组织实施专项计划。

公共就业服务机构应当根据服务对象的特点，在一定时期内为不同类型的劳动者、就业困难对象或用人单位集中组织活动，开展专项服务。

公共就业服务机构受劳动保障行政部门委托，可以组织开展促进就业的专项工作。

**第三十一条** 县级以上公共就业服务机构建立综合性服务场所，集中为劳动者和用人单位提供一站式就业服务，并承担劳动保障行政部门安排的其他工作。

街道、乡镇、社区公共就业服务机构建立基层服务窗口，开展以就业援助为重点的公共就业服务，实施劳动力资源调查统计，并承担上级劳动保障行政部门安排的其他就业服务工作。

公共就业服务机构使用全国统一标识。

**第三十二条** 公共就业服务机构应当不断提高服务的质量和效率。

公共就业服务机构应当加强内部管理，完善服务功能，统一服务流程，按照国家制定的服务规范和标准，为劳动者和用人单位提供优质高效的就业服务。

公共就业服务机构应当加强工作人员的政策、业务和服务技能培训，组织职业指导人员、职业信息分析人员、劳动保障协理员等专业人员参加相应职业资格培训。

公共就业服务机构应当公开服务制度，主动接受社会监督。

**第三十三条** 县级以上劳动保障行政部门和公共就业服务机构应当按照劳动保障信息化建设的统一规划、标准和规范，建立完善人力资源市场信息网络及相关设施。

公共就业服务机构应当逐步实行信息化管理与服务，在城市内实现就业服务、失业保险、就业培训信息共享和公共就业服务全程信息化管理，并逐步实现与劳动工资信息、社会保险信息的互联互通和信息共享。

**第三十四条** 公共就业服务机构应当建立健全人力资源市场信息服务体系，完善职业供求信息、市场工资指导价位信息、职业培训信息、人力资源市场分析信息的发布制度，为劳动者求职择业、用人单位招用人员以及培训机构开展培训提供支持。

**第三十五条** 县级以上劳动保障行政部门应当按照信息化建设统一要求，逐步实现全国人力资源市场信息联网。其中，城市应当按照劳动保障数据中心建设的要求，实现网络和数据资源的集中和共享；省、自治区应当建立人力资源市场信息网省级监测中心，对辖区内人力资源市场信息进行监测；劳动保障部设立人力资源市场信息网全国监测中心，对全国人力资源市场信息进行监测和分析。

**第三十六条** 县级以上劳动保障行政部门应当对公共就业服务机构加强管理，定期对其完成各项任务情况进行绩效考核。

**第三十七条** 公共就业服务经费纳入同级财政预算。各级劳动保障行政部门和公共就业服务机构应当根据财政预算编制的规定，依法编制公共就业服务年度预算，报经同级财政部门审批后执行。

公共就业服务机构可以按照就业专项资金管理相关规定，依法申请公共就业服务专项扶持经费。

公共就业服务机构接受社会各界提供的捐赠和资助，按照国家有关法律法规管理和使用。

公共就业服务机构为用人单位提供的服务，应当规范管理，严格控制服务收费。确需收费的，具体项目由省级劳动保障行政部门会同相关部门规定。

**第三十八条** 公共就业服务机构不得从事经营性活动。

公共就业服务机构举办的招聘会，不得向劳动者收取费用。

第三十九条　各级残疾人联合会所属的残疾人就业服务机构是公共就业服务机构的组成部分，负责为残疾劳动者提供相关就业服务，并经劳动保障行政部门委托，承担残疾劳动者的就业登记、失业登记工作。

## 第五章　就业援助

第四十条　公共就业服务机构应当制定专门的就业援助计划，对就业援助对象实施优先扶持和重点帮助。

本规定所称就业援助对象包括就业困难人员和零就业家庭。就业困难对象是指因身体状况、技能水平、家庭因素、失去土地等原因难以实现就业，以及连续失业一定时间仍未能实现就业的人员。零就业家庭是指法定劳动年龄内的家庭人员均处于失业状况的城市居民家庭。

对援助对象的认定办法，由省级劳动保障行政部门依据当地人民政府规定的就业援助对象范围制定。

第四十一条　就业困难人员和零就业家庭可以向所在地街道、社区公共就业服务机构申请就业援助。经街道、社区公共就业服务机构确认属实的，纳入就业援助范围。

第四十二条　公共就业服务机构应当建立就业困难人员帮扶制度，通过落实各项就业扶持政策、提供就业岗位信息、组织技能培训等有针对性的就业服务和公益性岗位援助，对就业困难人员实施优先扶持和重点帮助。

在公益性岗位上安置的就业困难人员，按照国家规定给予岗位补贴。

第四十三条　公共就业服务机构应当建立零就业家庭即时岗位援助制度，通过拓宽公益性岗位范围，开发各类就业岗位等措施，及时向零就业家庭中的失业人员提供适当的就业岗位，确保零就业家庭至少有一人实现就业。

第四十四条　街道、社区公共就业服务机构应当对辖区内就业援助对象进行登记，建立专门台账，实行就业援助对象动态管理和援助责任制度，提供及时、有效的就业援助。

# 第六章　职业中介服务

**第四十五条**　县级以上劳动保障行政部门应当加强对职业中介机构的管理，鼓励其提高服务质量，发挥其在促进就业中的作用。

本规定所称职业中介机构，是指由法人、其他组织和公民个人举办，为用人单位招用人员和劳动者求职提供中介服务以及其他相关服务的经营性组织。

政府部门不得举办或者与他人联合举办经营性的职业中介机构。

**第四十六条**　从事职业中介活动，应当遵循合法、诚实信用、公平、公开的原则。

禁止任何组织或者个人利用职业中介活动侵害劳动者和用人单位的合法权益。

**第四十七条**　职业中介实行行政许可制度。设立职业中介机构或其他机构开展职业中介活动，须经劳动保障行政部门批准，并获得职业中介许可证。

经批准获得职业中介许可证的职业中介机构，应当持许可证向工商行政管理部门办理登记。

未经依法许可和登记的机构，不得从事职业中介活动。

职业中介许可证由劳动和社会保障部统一印制并免费发放。

**第四十八条**　设立职业中介机构应当具备下列条件：

（一）有明确的机构章程和管理制度；

（二）有开展业务必备的固定场所、办公设施和一定数额的开办资金；

（三）有一定数量具备相应职业资格的专职工作人员；

（四）法律、法规规定的其他条件。

**第四十九条**　设立职业中介机构，应当向当地县级以上劳动保障行政部门提出申请，提交下列文件：

（一）设立申请书；

（二）机构章程和管理制度草案；

（三）场所使用权证明；

（四）注册资本（金）验资报告；

（五）拟任负责人的基本情况、身份证明；

（六）具备相应职业资格的专职工作人员的相关证明；

（七）法律、法规规定的其他文件。

**第五十条** 劳动保障行政部门接到设立职业中介机构的申请后，应当自受理申请之日起 20 日内审理完毕。对符合条件的，应当予以批准；不予批准的，应当说明理由。

劳动保障行政部门对经批准设立的职业中介机构实行年度审验。

职业中介机构的具体设立条件、审批和年度审验程序，由省级劳动保障行政部门统一规定。

**第五十一条** 职业中介机构变更名称、住所、法定代表人等或者终止的，应当按照设立许可程序办理变更或者注销登记手续。

设立分支机构的，应当在征得原审批机关的书面同意后，由拟设立分支机构所在地县级以上劳动保障行政部门审批。

**第五十二条** 职业中介机构可以从事下列业务：

（一）为劳动者介绍用人单位；

（二）为用人单位和居民家庭推荐劳动者；

（三）开展职业指导、人力资源管理咨询服务；

（四）收集和发布职业供求信息；

（五）根据国家有关规定从事互联网职业信息服务；

（六）组织职业招聘洽谈会；

（七）经劳动保障行政部门核准的其他服务项目。

**第五十三条** 职业中介机构应当在服务场所明示营业执照、职业中介许可证、服务项目、收费标准、监督机关名称和监督电话等，并接受劳动保障行政部门及其他有关部门的监督检查。

**第五十四条** 职业中介机构应当建立服务台账，记录服务对象、服务过程、服务结果和收费情况等，并接受劳动保障行政部门的监督检查。

**第五十五条** 职业中介机构提供职业中介服务不成功的，应当退还向劳动者收取的中介服务费。

**第五十六条** 职业中介机构租用场地举办大规模职业招聘洽谈会，应当制定相应的组织实施办法和安全保卫工作方案，并向批准其设立的机关报告。

职业中介机构应当对入场招聘用人单位的主体资格真实性和招用人员简章真实性进行核实。

**第五十七条** 职业中介机构为特定对象提供公益性就业服务的，可以按照规定给予补贴。可以给予补贴的公益性就业服务的范围、对象、服务效果和补贴办法，由省级劳动保障行政部门会同有关部门制定。

**第五十八条** 禁止职业中介机构有下列行为：

（一）提供虚假就业信息；

（二）发布的就业信息中包含歧视性内容；

（三）伪造、涂改、转让职业中介许可证；

（四）为无合法证照的用人单位提供职业中介服务；

（五）介绍未满 16 周岁的未成年人就业；

（六）为无合法身份证件的劳动者提供职业中介服务；

（七）介绍劳动者从事法律、法规禁止从事的职业；

（八）扣押劳动者的居民身份证和其他证件，或者向劳动者收取押金；

（九）以暴力、胁迫、欺诈等方式进行职业中介活动；

（十）超出核准的业务范围经营；

（十一）其他违反法律、法规规定的行为。

**第五十九条** 县级以上劳动保障行政部门应当依法对经审批设立的职业中介机构开展职业中介活动进行监督指导，定期组织对其服务信用和服务质量进行评估，并将评估结果向社会公布。

县级以上劳动保障行政部门应当指导职业中介机构开展工作人员培训，提高服务质量。

县级以上劳动保障行政部门对在诚信服务、优质服务和公益性服务等方面表现突出的职业中介机构和个人，报经同级人民政府批准后，给予表彰和奖励。

**第六十条** 设立外商投资职业中介机构以及职业中介机构从事境外就业中介服务的，按照有关规定执行。

## 第七章　就业与失业管理

**第六十一条**　劳动保障行政部门应当建立健全就业登记制度和失业登记制度，完善就业管理和失业管理。

公共就业服务机构负责就业登记与失业登记工作，建立专门台帐，及时、准确地记录劳动者就业与失业变动情况，并做好相应统计工作。

就业登记和失业登记在各省、自治区、直辖市范围内实行统一的就业失业登记证（以下简称登记证），向劳动者免费发放，并注明可享受的相应扶持政策。

就业登记、失业登记的具体程序和登记证的样式，由省级劳动保障行政部门规定。

**第六十二条**　劳动者被用人单位招用的，由用人单位为劳动者办理就业登记。用人单位招用劳动者和与劳动者终止或者解除劳动关系，应当到当地公共就业服务机构备案，为劳动者办理就业登记手续。用人单位招用人员后，应当于录用之日起 30 日内办理登记手续；用人单位与职工终止或者解除劳动关系后，应当于 15 日内办理登记手续。

劳动者从事个体经营或灵活就业的，由本人在街道、乡镇公共就业服务机构办理就业登记。

就业登记的内容主要包括劳动者个人信息、就业类型、就业时间、就业单位以及订立、终止或者解除劳动合同情况等。就业登记的具体内容和所需材料由省级劳动保障行政部门规定。

公共就业服务机构应当对用人单位办理就业登记及相关手续设立专门服务窗口，简化程序，方便用人单位办理。

**第六十三条**　在法定劳动年龄内，有劳动能力，有就业要求，处于无业状态的城镇常住人员，可以到常住地的公共就业服务机构进行失业登记。

**第六十四条**　劳动者进行失业登记时，须持本人身份证件和证明原身份的有关证明；有单位就业经历的，还须持与原单位终止、解除劳动关系或者解聘的证明。

登记失业人员凭登记证享受公共就业服务和就业扶持政策；其中符合条件的，按规定申领失业保险金。

登记失业人员应当定期向公共就业服务机构报告就业失业状况，积极求职，参加公共就业服务机构安排的就业培训。

**第六十五条** 失业登记的范围包括下列失业人员：

（一）年满 16 周岁，从各类学校毕业、肄业的；

（二）从企业、机关、事业单位等各类用人单位失业的；

（三）个体工商户业主或私营企业业主停业、破产停止经营的；

（四）承包土地被征用，符合当地规定条件的；

（五）军人退出现役且未纳入国家统一安置的；

（六）刑满释放、假释、监外执行的；

（七）各地确定的其他失业人员。

**第六十六条** 登记失业人员出现下列情形之一的，由公共就业服务机构注销其失业登记：

（一）被用人单位录用的；

（二）从事个体经营或创办企业，并领取工商营业执照的；

（三）已从事有稳定收入的劳动，并且月收入不低于当地最低工资标准的；

（四）已享受基本养老保险待遇的；

（五）完全丧失劳动能力的；

（六）入学、服兵役、移居境外的；

（七）被判刑收监执行的；

（八）终止就业要求或拒绝接受公共就业服务的；

（九）连续 6 个月未与公共就业服务机构联系的；

（十）已进行就业登记的其他人员或各地规定的其他情形。

## 第八章 罚 则

**第六十七条** 用人单位违反本规定第十四条第（二）、（三）项规定的，按照劳动合同法第八十四条的规定予以处罚；用人单位违反第十四条第（四）项规定的，按照国家禁止使用童工和其他有关法律、法规的规定予以处罚。用人单位违反第十四条第（一）、（五）、（六）项规定的，由劳动保障行政部门责令改正，并可处以一千元以下的罚款；对当事人造成损害的，应当承担赔偿责任。

第六十八条　用人单位违反本规定第十九条第二款规定，在国家法律、行政法规和国务院卫生行政部门规定禁止乙肝病原携带者从事的工作岗位以外招用人员时，将乙肝病毒血清学指标作为体检标准的，由劳动保障行政部门责令改正，并可处以一千元以下的罚款；对当事人造成损害的，应当承担赔偿责任。

第六十九条　违反本规定第三十八条规定，公共就业服务机构从事经营性职业中介活动向劳动者收取费用的，由劳动保障行政部门责令限期改正，将违法收取的费用退还劳动者，并对直接负责的主管人员和其他直接责任人员依法给予处分。

第七十条　违反本规定第四十七条规定，未经许可和登记，擅自从事职业中介活动的，由劳动保障行政部门或者其他主管部门按照就业促进法第六十四条规定予以处罚。

第七十一条　职业中介机构违反本规定第五十三条规定，未明示职业中介许可证、监督电话的，由劳动保障行政部门责令改正，并可处以一千元以下的罚款；未明示收费标准的，提请价格主管部门依据国家有关规定处罚；未明示营业执照的，提请工商行政管理部门依据国家有关规定处罚。

第七十二条　职业中介机构违反本规定第五十四条规定，未建立服务台账，或虽建立服务台账但未记录服务对象、服务过程、服务结果和收费情况的，由劳动保障行政部门责令改正，并可处以一千元以下的罚款。

第七十三条　职业中介机构违反本规定第五十五条规定，在职业中介服务不成功后未向劳动者退还所收取的中介服务费的，由劳动保障行政部门责令改正，并可处以一千元以下的罚款。

第七十四条　职业中介机构违反本规定第五十八条第（一）、（三）、（四）、（八）项规定的，按照就业促进法第六十五条、第六十六条规定予以处罚。违反本规定第五十八条第（五）项规定的，按照国家禁止使用童工的规定予以处罚。违反本规定第五十八条其他各项规定的，由劳动保障行政部门责令改正，没有违法所得的，可处以一万元以下的罚款；有违法所得的，可处以不超过违法所得三倍的罚款，但最高不得超过二万元；情节严重的，提请工商部门依法吊销营业执照；对当事人造成损害的，应当承担赔偿责任。

**第七十五条** 用人单位违反本规定第六十二条规定，未及时为劳动者办理就业登记手续的，由劳动保障行政部门责令改正，并可处以一千元以下的罚款。

## 第九章 附 则

**第七十六条** 省、自治区、直辖市劳动保障行政部门可以根据本规定制定实施细则。

**第七十七条** 本规定自 2008 年 1 月 1 日起施行。劳动部 1994 年 10 月 27 日颁布的《职业指导办法》、劳动和社会保障部 2000 年 12 月 8 日颁布的《劳动力市场管理规定》同时废止。

# 简易劳动合同参考文本

人力资源和社会保障部
关于推荐使用简易劳动合同文本的通知

各省、自治区、直辖市劳动保障厅（局）、总工会、企业联合会/企业家协会，新疆生产建设兵团劳动保障局、总工会、企业联合会/企业家协会：

为了稳步实施《劳动合同法》和《劳动合同法实施条例》，指导和帮助农民工等流动性较大的劳动者与用人单位签订劳动合同，进一步提高劳动合同签订率，现予印发建筑业、制造业、餐饮业、采掘业、非全日制五种类型《简易劳动合同（参考文本）》，供各级协调劳动关系三方向用人单位推荐使用。各地可到人力资源和社会保障部政府网站下载简易劳动合同文本。

附：建筑业、制造业、餐饮业、采掘业、非全日制简易劳动合同（参考文本）

国家协调劳动关系三方会议办公室
（人力资源和社会保障部办公厅代章）
二〇〇九年三月六日

附件：

## 建筑业（参考文本）

编号_____
建筑业简易劳动合同
（参考文本）
甲方（用人单位）名称：_____
法定代表人（主要负责人）或者委托代理人_____
注册地址_____

联系电话＿＿＿＿＿＿＿＿＿＿＿＿＿＿＿＿

乙方（劳动者）姓名：＿＿＿＿＿＿＿＿＿＿＿＿＿＿

居民身份证号＿＿＿＿＿＿＿＿＿＿＿＿＿＿＿＿

户口所在地＿＿＿＿省（市）＿＿＿＿区（县）＿＿＿＿乡镇

＿＿＿＿村

邮政编码＿＿＿＿

现住址＿＿＿＿＿＿＿＿＿＿＿联系电话＿＿＿＿＿＿＿＿

根据《劳动法》、《劳动合同法》及有关规定，甲乙双方遵循平等自愿、协商一致的原则签订本合同。

一、合同期限

**第一条** 甲、乙双方选择以下第＿＿种形式确定本合同期限：

（一）有固定期限：自＿＿＿＿年＿＿月＿＿日起至＿＿＿＿年＿＿月＿＿日止。其中试用期自＿＿＿＿年＿＿月＿＿日起至＿＿＿＿年＿＿月＿＿日止。

（二）无固定期限：自＿＿＿＿年＿＿月＿＿日起至依法解除、终止劳动合同时止。其中试用期自＿＿＿＿年＿＿月＿＿日起至＿＿＿＿年＿＿月＿＿日止。

（三）以完成一定工作（任务）为期限：自＿＿＿＿年＿＿月＿＿日起至＿＿＿＿＿＿工作（任务）完成时终止。

二、工作内容和工作地点

**第二条** 甲方招用乙方在＿＿＿＿＿＿＿＿＿＿（项目名称）工程中，从事＿＿＿＿＿＿＿＿＿＿岗位（工种）工作。

乙方的工作地点为＿＿＿＿＿＿＿＿＿＿＿＿＿＿。

经双方协商一致，可以变更工作岗位（工种）和工作地点。

乙方应认真履行岗位职责，遵守各项规章制度，服从管理，按时完成工作任务。

乙方违反劳动纪律，甲方可依据本单位依法制定的规章制度，给予相应处理。

三、工作时间和休息休假

**第三条** 甲方安排乙方执行以下第＿＿种工时制度：

（一）执行标准工时制度。乙方每天工作时间不超过 8 小时，每周工作不超过 40 小时。每周休息日为_____。

（二）经当地劳动行政部门批准，执行以_____为周期的综合计算工时工作制度。

（三）经当地劳动行政部门批准，执行不定时工作制度。

甲方保证乙方每周至少休息一天。乙方依法享有法定节日假、人社部、中国地震局联合召开会议表彰全国地震系统抗震救灾英雄产假、带薪年休假等假期。

甲方因施工建设需要，商得乙方同意后，可安排乙方加班。日延长工时、休息日加班无法安排补休、法定节假日加班的，甲方按《劳动法》第四十四条规定支付加班工资。

四、劳动报酬

**第四条** 甲方采用以下第____种形式向乙方支付工资：

（一）月工资____元，试用期间工资____元。甲方每月____日前向乙方支付工资。

（二）日工资____元，试用期间工资____元。甲方向乙方支付工资的时间为每月____日。

（三）计件工资。计件单价约定为_____。

甲方生产经营任务不足，乙方同意待岗的，甲方向乙方支付的生活费为_____元。待岗期间乙方仍需履行除岗位工作外的其他义务。

五、社会保险

**第五条** 甲乙双方按国家规定参加社会保险。甲方为乙方办理有关社会保险手续，并承担相应的社会保险义务。乙方应缴的社会保险费由甲方代扣代缴。

乙方患病或非因工负伤的医疗待遇按国家有关规定执行。

乙方因工负伤或患职业病的待遇按国家有关规定执行。

乙方在孕期、产期、哺乳期等各项待遇，按国家有关生育保险政策规定执行。

六、劳动保护和劳动条件

**第六条** 甲方应当在乙方上岗前进行安全生产培训，乙方从事国家规定的特殊工种，应当经过培训并取得相应的职业资格证书方可上岗。

甲方根据生产岗位的需要，按照国家劳动安全卫生的有关规定为乙方配备必要的安全防护设施，发放必要的劳动保护用品。其中建筑施工现场要符合《建筑施工现场环境与卫生标准》（JGJ146-2004）。对乙方从事接触职业病危害作业的，甲方应按国家有关规定组织上岗前和离岗时的职业健康检查，在合同期内应定期对乙方进行职业健康检查。

甲方依法建立安全生产制度。乙方严格遵守甲方依法制定的各项规章制度，不违章作业，防止劳动过程中的事故，减少职业危害。

乙方有权拒绝甲方的违章指挥，对甲方及其管理人员漠视乙方安全健康的行为，有权提出批评并向有关部门检举控告。

七、解除和终止

**第七条** 本劳动合同的解除或终止，依《劳动合同法》规定执行。

八、劳动争议处理

**第八条** 甲乙双方发生劳动争议，可以协商解决，也可以依照《劳动争议调解仲裁法》的规定通过申请调解、仲裁和提起诉讼解决。

九、其他

**第九条** 甲乙双方约定的其他事项

　　　　　　　　　　　　　　　　　　　　　　　　　　　　。

**第十条** 本劳动合同一式二份，甲乙双方各执一份。

本劳动合同自甲乙双方签字、盖章之日起生效。


甲方（公章）乙方（签字或盖章）

法定代表人或委托代理人
　　（签字或盖章）


签订日期：　　年　月　日
使用说明

1. 本劳动合同（参考文本）供建筑施工企业与生产操作类岗位的劳动者签订劳动合同时参考使用，主要适用于来自农村的务工人员等流动性较大的劳动者。

2. 企业与劳动者签订劳动合同时，双方的情况应如实填写，凡需要双方约定的内容，经协商一致后填写在相应的空格内。双方约定的增加事项填写在第九条内，但双方约定的内容不得违反国家法律法规。

劳动合同期限三个月以上不满一年的，试用期不得超过一个月；劳动合同期限一年以上不满三年的，试用期不得超过二个月；三年以上固定期限和无固定期限的劳动合同，试用期不得超过六个月。双方约定的试用期工资不得低于甲方相同岗位最低档工资或者合同约定工资的百分之八十，并不得低于乙方工作地的最低工资标准。

甲方安排乙方延长工作时间的，支付不低于工资的百分之一百五十的工资报酬；休息日安排乙方工作又不能安排补休的，支付不低于工资的百分之二百的工资报酬；法定休假日安排乙方工作的，支付不低于工资的百分之三百的工资报酬。

3. 签订劳动合同，甲方应加盖单位公章，法定代表人、委托代理人或负责人及乙方应亲自签字或盖章，其他人不得代为签字。

4. 本合同应使用钢笔或签字笔填写，字迹清楚，文字简洁、准确，不得涂改。

## 制造业（参考文本）

编号_____

制造业简易劳动合同

（参考文本）

甲方（用人单位）名称：_____

法定代表人（主要负责人）或者委托代理人_____

注册地址_____

联系电话_____

乙方（劳动者）姓名：_____

居民身份证号_____

户口所在地____省（市）____区（县）____乡镇

_____村

邮政编码_____

现住址_____ 联系电话_____

根据《劳动法》、《劳动合同法》及有关规定，甲乙双方遵循平等自愿、协商一致的原则签订本合同。

一、合同期限

**第一条** 甲、乙双方选择以下第____种形式确定本合同期限：

（一）有固定期限：自_____年____月____日起至_____年____月____日止。其中试用期自_____年____月____日起至_____年____月____日止。

（二）无固定期限：自_____年____月____日起至依法解除、终止劳动合同时止。其中试用期自_____年____月____日起至_____年____月____日止。

（三）以完成一定工作（任务）为期限：自_____年____月____日起至_____工作（任务）完成时终止。

二、工作内容和工作地点

**第二条** 乙方从事_____岗位（工种）工作。

乙方的工作地点为_____。

经双方协商一致，可以变更工作岗位（工种）和工作地点。

乙方应认真履行岗位职责，遵守各项规章制度，服从管理，按时完成工作任务。

乙方违反劳动纪律，甲方可依据本单位依法制定的规章制度，给予相应处理。

三、工作时间和休息休假

**第三条** 甲方安排乙方执行以下第____种工时制度：

（一）执行标准工时制度。乙方每天工作时间不超过 8 小时，每周工作不超过 40 小时。每周休息日为_____。

（二）经当地劳动行政部门批准，执行以_____为周期的综合计算工时工作制度。

（三）经当地劳动行政部门批准，执行不定时工作制度。

甲方保证乙方每周至少休息一天。乙方依法享有法定节日假、产假、带薪年休假等假期。

甲方因生产需要，商得乙方同意后，可安排乙方加班。日延长工时、休息日加班无法安排补休、法定节假日加班的，甲方按《劳动法》第四十四条规定支付加班工资。

四、劳动报酬

**第四条** 甲方采用以下第____种形式向乙方支付工资：

（一）月工资_____元，试用期间工资_____元。甲方每月____日前向乙方支付工资。

（二）日工资_____元，试用期间工资_____元。甲方向乙方支付工资的时间为每月____日。

（三）计件工资。计件单价约定为_____。

甲方生产经营任务不足，乙方同意待岗的，甲方向乙方支付的生活费为_____元。待岗期间乙方仍需履行除岗位工作外的其他义务。

五、社会保险

**第五条** 甲乙双方按国家规定参加社会保险。甲方为乙方办理有关社会保险手续，并承担相应的社会保险义务。乙方应缴的社会保险费由甲方代扣代缴。

乙方患病或非因工负伤的医疗待遇按国家有关规定执行。

乙方因工负伤或患职业病的待遇按国家有关规定执行。

乙方在孕期、产期、哺乳期等各项待遇，按国家有关生育保险政策规定执行。

六、劳动保护和劳动条件

**第六条** 甲方负责对乙方进行职业道德、业务技术、劳动安全卫生及有关规章制度的培训。

甲方按照国家劳动安全卫生的有关规定为乙方提供必要的安全防护设施，发放必要的劳动保护用品。对乙方从事接触职业病危害作业的，甲方应按国家有关规定组织上岗前和离岗时的职业健康检查，在合同期内应定期对乙方进行职业健康检查。

甲方依法建立安全生产制度。乙方严格遵守甲方依法制定的各项规章制度，不违章作业，防止劳动过程中的事故，减少职业危害。

乙方有权拒绝甲方的违章指挥，对甲方及其管理人员漠视乙方安全健康的行为，有权提出批评并向有关部门检举控告。

七、解除和终止

**第七条** 本劳动合同的解除或终止，依《劳动合同法》规定执行。

八、劳动争议处理

**第八条** 甲乙双方发生劳动争议，可以协商解决，也可以依照《劳动争议调解仲裁法》的规定通过申请调解、仲裁和提起诉讼解决。

九、其他

**第九条** 甲乙双方约定的其他事项

_____。

**第十条** 本劳动合同一式二份，甲乙双方各执一份。

本劳动合同自甲乙双方签字、盖章之日起生效。

甲方（公 章）乙方（签字或盖章）

法定代表人或委托代理人

（签字或盖章）

签订日期： 年 月 日

使用说明

1. 本劳动合同（参考文本）供加工制造业企业与生产操作类岗位的劳动者签订劳动合同时参考使用，主要适用于来自农村的务工人员等流动性较大的劳动者。

2. 企业与劳动者签订劳动合同时，双方的情况应如实填写，凡需要双方约定的内容，经协商一致后填写在相应的空格内。双方约定的增加事项填写在第九条内，但双方约定的内容不得违反国家法律法规。

劳动合同期限三个月以上不满一年的，试用期不得超过一个月；劳动合同期限一年以上不满三年的，试用期不得超过二个月；三年以上固定期限和无固定期限的劳动合同，试用期不得超过六个月。双方约定的试用期工资不得低于甲方相同岗位最低档工资或者合同约定工资的百分之八十，并不得低于乙方工作地的最低工资标准。

甲方安排乙方延长工作时间的，支付不低于工资的百分之一百五十的工资报酬；休息日安排乙方工作又不能安排补休的，支付不低于工资的百分之二百的工资报酬；法定休假日安排乙方工作的，支付不低于工资的百分之三百的工资报酬。

3. 签订劳动合同，甲方应加盖单位公章，法定代表人、委托代理人或负责人及乙方应亲自签字或盖章，其他人不得代为签字。

4. 本合同应使用钢笔或签字笔填写，字迹清楚，文字简洁、准确，不得涂改。

## 餐饮业（参考文本）

编号_____

餐饮业简易劳动合同

（参考文本）

甲方（用人单位）名称：_____

法定代表人（主要负责人）或者委托代理人_____

注册地址_____

联系电话_____

乙方（劳动者）姓名：_____

居民身份证号_____

户口所在地_____省（市）_____区（县）_____乡镇

_____村

邮政编码_____

现住址_____联系电话_____

根据《劳动法》、《劳动合同法》及有关规定，甲乙双方遵循平等自愿、协商一致的原则签订本合同。

一、合同期限

**第一条**　甲、乙双方选择以下第____种形式确定本合同期限：

（一）有固定期限：自_____年____月____日起至_____年

____月 ____日止。其中试用期自 _____年 ____月 ____日起至 _____年____月____日止。

（二）无固定期限：自_____年 ____月 ____日起至依法解除、终止劳动合同时止。其中试用期自_____年 ____月 ____日起至 _____年 ____月 ____日止。

（三）以完成一定工作（任务）为期限：自_____年 ____月 ____日起至_____工作（任务）完成时终止。

二、工作内容和工作地点

**第二条** 乙方从事_____岗位（工种）工作。

乙方患有岗位工种及行业禁忌的疾病，应及时向甲方报告，并即时脱离工作岗位。

乙方的工作地点为_____。

经双方协商一致，可以变更工作岗位（工种）和工作地点。

乙方应认真履行岗位职责，遵守各项规章制度，服从管理，按时完成工作任务。

乙方违反服务规范和劳动纪律，甲方可依据本单位依法制定的规章制度，给予相应处理。

三、工作时间和休息休假

**第三条** 甲方安排乙方执行以下第____种工时制度：

（一）执行标准工时制度。乙方每天工作时间不超过 8 小时，每周工作不超过 40 小时。每周休息日为_____。

（二）经当地劳动行政部门批准，执行以_____为周期的综合计算工时工作制度。

（三）经当地劳动行政部门批准，执行不定时工作制度。

甲方保证乙方每周至少休息一天。乙方依法享有法定节日假、产假、带薪年休假等假期。

甲方因顾客服务需要，商得乙方同意后，可安排乙方加班。日延长工时、休息日加班无法安排补休、法定节假日加班的，甲方按《劳动法》第四十四条规定支付加班工资。

四、劳动报酬

**第四条** 甲方采用以下第____种形式向乙方支付工资：

（一）月工资_____元，试用期间工资_____元。甲方每月_____日前向乙方支付工资。

（二）日工资_____元，试用期间工资_____元。甲方向乙方支付工资的时间为每月____日。

甲方生产经营任务不足，乙方同意待岗的，甲方向乙方支付的生活费为_____元。待岗期间乙方仍需履行除岗位工作外的其他义务。

甲乙双方对工资支付的其他约定_____

五、社会保险

**第五条** 甲乙双方按国家规定参加社会保险。甲方为乙方办理有关社会保险手续，并承担相应社会保险义务。乙方应缴的社会保险费由甲方代扣代缴。

乙方患病或非因工负伤的医疗待遇按国家有关规定执行。

乙方患职业病或因工负伤的待遇按国家有关规定执行。

乙方在孕期、产期、哺乳期等各项待遇，按国家有关生育保险政策规定执行。

六、劳动保护和劳动条件

**第六条** 甲方应在乙方上岗前对乙方进行职业安全卫生、食品安全卫生、服务规范、职业道德、职业技能、甲方规章制度方面的培训。

甲方每年必须按国家规定组织对乙方进行健康检查。

甲方按照国家劳动安全卫生的有关规定为乙方提供必要的安全防护设施，发放必要的劳动保护用品。

甲方加强安全生产管理，建立、健全安全生产责任制度，完善安全生产经营条件；健全内部服务和食品质量管理制度，严格实施岗位质量规范、质量责任以及相应的考核办法。

七、解除和终止

**第七条** 本劳动合同的解除或终止，依《劳动合同法》规定执行。

乙方患岗位工种及行业禁忌的疾病，在医疗期满后不符合国家和本市从事有关行业、工种岗位规定，甲方无法另行安排工作的，可以提前30日以书面形式通知乙方解除本合同，并依法向乙方支付经济补偿金。

八、劳动争议处理

**第八条** 甲乙双方发生劳动争议，可以协商解决，也可以依照《劳动争议调解仲裁法》的规定通过申请调解、仲裁和提起诉讼解决。

九、其他

**第九条** 甲乙双方约定的其他事项

_____。

**第十条** 本劳动合同一式二份，甲乙双方各执一份。

本劳动合同自甲乙双方签字、盖章之日起生效。


甲方（公 章）乙方（签字或盖章）


法定代表人或委托代理人

　（签字或盖章）

签订日期：　　年　月　日

使用说明

1. 本劳动合同（参考文本）供餐饮业企业与生产操作服务类岗位的劳动者签订劳动合同时参考使用，主要适用于来自农村的务工人员等流动性较大的劳动者。

2. 企业与劳动者签订劳动合同时，双方的情况应如实填写，凡需要双方约定的内容，经协商一致后填写在相应的空格内。双方约定的增加事项填写在第九条内，但双方约定的内容不得违反国家法律法规。

劳动合同期限三个月以上不满一年的，试用期不得超过一个月；劳动合同期限一年以上不满三年的，试用期不得超过二个月；三年以上固定期限和无固定期限的劳动合同，试用期不得超过六个月。双方约定的试用期工资不得低于甲方相同岗位最低档工资或者合同约定工资的百分之八十，并不得低于乙方工作地的最低工资标准。

甲方安排乙方延长工作时间的，支付不低于工资的百分之一百五十的工资报酬；休息日安排乙方工作又不能安排补休的，支付不低于工资的百分之二百的工资报酬；法定休假日安排乙方工作的，支付不低于工资的百分之三百的工资报酬。

3. 签订劳动合同，甲方应加盖单位公章；法定代表人、委托代理人或负责人及乙方应亲自签字或盖章，其他人不得代为签字。

4. 本合同应使钢笔或签字笔填写，字迹清楚，文字简炼、准确，不得涂改。

## 采掘业 （参考文本）

编号＿＿＿＿＿＿＿＿＿＿＿＿＿
采掘业简易劳动合同
（参考文本）
甲方（用人单位）名称：＿＿＿＿＿＿＿＿＿＿＿＿＿＿＿＿＿＿＿
法定代表人（主要负责人）或者委托代理人＿＿＿＿＿＿＿＿
注册地址＿＿＿＿＿＿＿＿＿＿＿＿＿＿＿＿＿＿＿＿＿＿＿＿＿＿＿
联系电话＿＿＿＿＿＿＿＿＿＿＿＿＿＿＿＿＿＿＿＿＿＿＿＿＿＿＿
乙方（劳动者）姓名：＿＿＿＿＿＿＿＿＿＿＿＿＿＿＿＿＿＿＿＿＿
居民身份证号＿＿＿＿＿＿＿＿＿＿＿＿＿＿＿＿＿＿＿＿＿＿＿＿＿
户口所在地＿＿＿＿＿＿省（市）＿＿＿＿＿区（县）＿＿＿＿＿乡镇
＿＿＿＿＿村
邮政编码＿＿＿＿＿＿＿＿＿＿＿＿＿
现住址＿＿＿＿＿＿＿＿＿＿＿＿＿联系电话＿＿＿＿＿＿＿＿＿
根据《劳动法》、《劳动合同法》及有关规定，甲乙双方遵循平等自愿、协商一致的原则签订本合同。

一、合同期限

**第一条**  甲、乙双方选择以下第＿＿种形式确定本合同期限：

（一）有固定期限：自＿＿＿＿＿年＿＿月＿＿日起至＿＿＿＿＿年＿＿月＿＿日止。其中试用期自＿＿＿＿＿年＿＿月＿＿日起至＿＿＿＿＿年＿＿月＿＿日止。

（二）无固定期限：自＿＿＿＿＿年＿＿月＿＿日起至依法解除、终止劳动合同时止。其中试用期自＿＿＿＿＿年＿＿月＿＿日起至＿＿＿＿＿年＿＿月＿＿日止。

（三）以完成一定工作（任务）为期限：自＿＿＿＿＿年＿＿月＿＿日起至＿＿＿＿＿＿＿＿＿工作（任务）完成时终止。

二、工作内容和工作地点

**第二条** 乙方从事_____岗位（工种）工作。

乙方的工作地点为_____。

经双方协商一致，可以变更工作岗位（工种）和工作地点。

乙方应认真履行岗位职责，遵守各项规章制度，服从管理，按时完成工作任务。

乙方违反劳动纪律，甲方可依据本单位依法制定的规章制度，给予相应处理。

三、工作时间和休息休假

**第三条** 甲方安排乙方执行以下第____种工时制度：

（一）执行标准工时制度。乙方每天工作时间不超过 8 小时，每周工作不超过 40 小时。每周休息日为_____。

（二）经当地劳动行政部门批准，执行以_____为周期的综合计算工时工作制度。

（三）经当地劳动行政部门批准，执行不定时工作制度。

甲方保证乙方每周至少休息一天。乙方依法享有法定节日假、产假、带薪年休假等假期。

甲方因生产需要，商得乙方同意后，可安排乙方加班。日延长工时、休息日加班无法安排补休、法定节假日加班的，甲方应按《劳动法》第四十四条规定支付加班工资。

四、劳动报酬

**第四条** 甲方采用以下第____种形式向乙方支付工资：

（一）计时或岗位工资，工资额为_____元/月，试用期工资为_____元/月。

（二）计件工资。计件单价约定为_____。

（三）其他工资形式。具体约定在本合同第_____条中明确。

甲方安排乙方每日 22 时到次日 6 时工作的，每个工作日夜班补贴为_____元；从事井下作业的，每个工作日井下津贴为_____元。

甲方应按月支付乙方工资，发薪日为每月_____日，不得克扣或拖欠。甲方支付乙方的工资，不得违反国家和地方有关最低工资的规定。

甲方生产经营任务不足,乙方同意待岗的,甲方向乙方支付的生活费为_____元。待岗期间乙方仍需履行除岗位工作外的其他义务。

五、社会保险

**第五条** 甲乙双方按国家规定参加社会保险。甲方为乙方办理有关社会保险手续,并承担相应的社会保险义务。乙方应缴的社会保险费由甲方代扣代缴。

乙方患病或非因工负伤的医疗待遇按国家有关规定执行。

乙方因工负伤或患职业病的待遇按国家有关规定执行。

乙方在孕期、产期、哺乳期等各项待遇,按国家有关生育保险政策规定执行。

六、劳动保护和劳动条件

**第六条** 甲方应依法建立健全生产工艺流程,制定操作规程、工作规范和劳动安全卫生制度及其标准。

甲方应对乙方进行安全生产培训,保证乙方具备必要的安全生产知识,熟悉有关的安全生产规章制度和安全操作规程,掌握本岗位的安全操作技能。乙方未经安全生产培训,不得上岗作业。乙方从事国家规定的特殊工种,应当经过培训并取得相应的职业资格证书方可上岗。

甲方应当督促乙方严格执行安全生产规章制度和安全操作规程;并向乙方如实告知作业场所和工作岗位存在的危险因素、防范措施以及事故应急措施。

甲方必须为乙方提供符合国家标准或者行业标准的劳动防护用品,并监督、培训乙方按照使用规则佩戴、使用。

乙方从事接触职业病危害作业的,甲方应按国家有关规定组织上岗前和离岗时的职业健康检查,在合同期内应定期对乙方进行健康检查。

乙方有权了解其作业场所和工作岗位存在的危险因素、防范措施及事故应急措施,有权对甲方安全生产工作提出建议,有权拒绝甲方的违章指挥,对甲方及管理人员漠视乙方健康的行为,有权提出批评,并向有关部门检举控告。甲方不得因此而降低乙方的工资、福利等待遇或者解除与乙方订立的劳动合同。

乙方在作业过程中,应当严格遵守甲方依法制定的安全生产规章制度和操作规程，服从管理，正确佩戴和使用劳动防护用品。

七、解除和终止

**第七条** 本劳动合同的解除或终止，依《劳动合同法》规定执行。

八、劳动争议处理

**第八条** 甲乙双方发生劳动争议，可以协商解决，也可以依照《劳动争议调解仲裁法》的规定通过申请调解、仲裁和提起诉讼解决。

九、其他

**第九条** 甲乙双方约定的其他事项

_____。

**第十条** 本劳动合同一式二份，甲乙双方各执一份。

本劳动合同自甲乙双方签字、盖章之日起生效。


甲方（公章）乙方（签字或盖章）

**法定代表人或委托代理人**

（签字或盖章）

签订日期：　　　年　月　日

使用说明

1. 本劳动合同（参考文本）供采掘业企业与生产操作类岗位的劳动者签订劳动合同时参考使用，主要适用于来自农村的务工人员等流动性较大的劳动者。

2. 企业与劳动者签订劳动合同时，双方的情况应如实填写，凡需要双方约定的内容，经协商一致后填写在相应的空格内。双方约定的增加事项填写在第九条内，但双方约定的内容不得违反国家法律法规。

劳动合同期限三个月以上不满一年的，试用期不得超过一个月；劳动合同期限一年以上不满三年的，试用期不得超过二个月；三年以上固定期限和无固定期限的劳动合同，试用期不得超过六个月。双方约定的试用期工资不得低于甲方相同岗位最低档工资或者合同约定工资的百分之八十，并不得低于乙方工作地的最低工资标准。

甲方安排乙方延长工作时间的，支付不低于工资的百分之一百五十的工资报酬；休息日安排乙方工作又不能安排补休的，支付不低于工资的百分之二百的工资报酬；法定休假日安排乙方工作的，支付不低于工资的百分之三百的工资报酬。

3. 签订劳动合同，甲方应加盖单位公章；法定代表人、委托代理人或负责人及乙方应亲自签字或盖章，其他人不得代为签字。

4. 本合同应使钢笔或签字笔填写，字迹清楚，文字简炼、准确，不得涂改。

## 非全日制简易劳动合同（参考文本）

编号＿＿＿＿＿＿＿＿＿＿＿＿＿＿

非全日制用工简易劳动合同

（参考文本）

甲方（用人单位）名称：＿＿＿＿＿＿＿＿＿＿＿＿

法定代表人（主要负责人）或者委托代理人＿＿＿＿＿＿

注册地址＿＿＿＿＿＿＿＿＿＿＿＿＿＿＿＿＿＿＿＿

联系电话＿＿＿＿＿＿＿＿＿＿＿＿＿＿＿＿＿＿＿＿

乙方（劳动者）姓名：＿＿＿＿＿＿＿＿＿＿＿＿＿＿

居民身份证号＿＿＿＿＿＿＿＿＿＿＿＿＿＿＿＿＿＿

户口所在地＿＿＿＿＿＿省（市）＿＿＿＿＿区（县）＿＿＿＿＿乡镇＿＿＿＿＿村

邮政编码＿＿＿＿＿＿＿＿＿＿＿＿＿

现住址＿＿＿＿＿＿＿＿＿＿＿联系电话＿＿＿＿＿＿＿＿

根据《劳动法》、《劳动合同法》及有关规定，甲乙双方遵循平等自愿、协商一致的原则签订本合同。

一、合同期限

**第一条** 甲乙双方可以随时终止本合同。

二、工作内容

**第二条** 乙方同意根据甲方工作需要，担任＿＿＿＿＿工作。

甲方根据工作要求对乙方进行必要的职业技能培训。

乙方应当努力提高职业技能，按岗位要求完成工作任务。

三、工作时间

**第三条**　乙方每周工作_____日，分别为周_____；每日工作_____小时。

四、劳动报酬：

**第四条**　甲方按小时计酬方式支付乙方工资，标准为每小时_____元。

甲方向乙方支付工资形式为_____（直接发放/委托银行代发）。支付周期不得超过 15 日。

五、社会保险

**第五条**　甲方应当依法为乙方缴纳工伤保险费。

六、劳动保护和劳动条件

**第六条**　甲方根据生产岗位需要，按照国家有关劳动安全卫生规定对乙方进行安全卫生培训和职业培训，为乙方提供如下劳动保护条件和劳动防护用品：_____。

七、劳动争议处理

**第七条**　甲乙双方发生劳动争议，可以协商解决，也可以依照《劳动争议调解仲裁法》的规定通过申请调解、仲裁和提起诉讼解决。

八、其他

**第八条**　甲乙双方约定的其他事项

_____。

**第九条**　本劳动合同一式二份，甲乙双方各执一份。

本劳动合同自甲乙双方签字、盖章之日起生效。

甲方（公章）乙方（签字或盖章）

法定代表人（主要负责人）或委托代理人
（签字或盖章）

签订日期：　　年　月　日

使用说明

1. 本劳动合同（参考文本）供用人单位与从事非全日工作的劳动者签订劳动合同时参考使用，主要适用于来自农村的务工人员等流动性较大的劳动者。非全日制用工也可不签订书面劳动合同。

2. 企业与劳动者签订劳动合同时，双方的情况应如实填写，凡需要双方约定的内容，经协商一致后填写在相应的空格内。双方约定的增加事项填写在第八条内，但双方约定的内容不得违反国家法律法规。

3. 签订劳动合同，甲方应加盖单位公章；法定代表人、委托代理人或负责人及乙方应亲自签字或盖章，其他人不得代为签字。

4. 本合同应使钢笔或签字笔填写，字迹清楚，文字简炼、准确，不得涂改。

# 残疾人就业条例

中华人民共和国国务院令

第 488 号

《残疾人就业条例》已经 2007 年 2 月 14 日国务院第 169
次常务会议通过,现予公布,自 2007 年 5 月 1 日起施行。

总理 温家宝

二〇〇七年二月二十五日

## 第一章 总 则

**第一条** 为了促进残疾人就业,保障残疾人的劳动权利,根据
《中华人民共和国残疾人保障法》和其他有关法律,制定本条例。

**第二条** 国家对残疾人就业实行集中就业与分散就业相结合的方
针,促进残疾人就业。

县级以上人民政府应当将残疾人就业纳入国民经济和社会发展
规划,并制定优惠政策和具体扶持保护措施,为残疾人就业创造
条件。

**第三条** 机关、团体、企业、事业单位和民办非企业单位(以下
统称用人单位)应当依照有关法律、本条例和其他有关行政法规的规
定,履行扶持残疾人就业的责任和义务。

第四条　国家鼓励社会组织和个人通过多种渠道、多种形式，帮助、支持残疾人就业，鼓励残疾人通过应聘等多种形式就业。禁止在就业中歧视残疾人。

残疾人应当提高自身素质，增强就业能力。

第五条　各级人民政府应当加强对残疾人就业工作的统筹规划，综合协调。县级以上人民政府负责残疾人工作的机构，负责组织、协调、指导、督促有关部门做好残疾人就业工作。

县级以上人民政府劳动保障、民政等有关部门在各自的职责范围内，做好残疾人就业工作。

第六条　中国残疾人联合会及其地方组织依照法律、法规或者接受政府委托，负责残疾人就业工作的具体组织实施与监督。

工会、共产主义青年团、妇女联合会，应当在各自的工作范围内，做好残疾人就业工作。

第七条　各级人民政府对在残疾人就业工作中做出显著成绩的单位和个人，给予表彰和奖励。

# 第二章　用人单位的责任

第八条　用人单位应当按照一定比例安排残疾人就业，并为其提供适当的工种、岗位。

用人单位安排残疾人就业的比例不得低于本单位在职职工总数的1.5%。具体比例由省、自治区、直辖市人民政府根据本地区的实际情况规定。

用人单位跨地区招用残疾人的，应当计入所安排的残疾人职工人数之内。

第九条　用人单位安排残疾人就业达不到其所在地省、自治区、直辖市人民政府规定比例的，应当缴纳残疾人就业保障金。

第十条　政府和社会依法兴办的残疾人福利企业、盲人按摩机构和其他福利性单位（以下统称集中使用残疾人的用人单位），应当集中安排残疾人就业。

集中使用残疾人的用人单位的资格认定，按照国家有关规定执行。

第十一条　集中使用残疾人的用人单位中从事全日制工作的残疾人职工，应当占本单位在职职工总数的25%以上。

第十二条　用人单位招用残疾人职工，应当依法与其签订劳动合同或者服务协议。

第十三条　用人单位应当为残疾人职工提供适合其身体状况的劳动条件和劳动保护，不得在晋职、晋级、评定职称、报酬、社会保险、生活福利等方面歧视残疾人职工。

第十四条　用人单位应当根据本单位残疾人职工的实际情况，对残疾人职工进行上岗、在岗、转岗等培训。

# 第三章　保障措施

第十五条　县级以上人民政府应当采取措施，拓宽残疾人就业渠道，开发适合残疾人就业的公益性岗位，保障残疾人就业。

县级以上地方人民政府发展社区服务事业，应当优先考虑残疾人就业。

第十六条　依法征收的残疾人就业保障金应当纳入财政预算，专项用于残疾人职业培训以及为残疾人提供就业服务和就业援助，任何组织或者个人不得贪污、挪用、截留或者私分。残疾人就业保障金征收、使用、管理的具体办法，由国务院财政部门会同国务院有关部门规定。

财政部门和审计机关应当依法加强对残疾人就业保障金使用情况的监督检查。

第十七条　国家对集中使用残疾人的用人单位依法给予税收优惠，并在生产、经营、技术、资金、物资、场地使用等方面给予扶持。

第十八条　县级以上地方人民政府及其有关部门应当确定适合残疾人生产、经营的产品、项目，优先安排集中使用残疾人的用人单位生产或者经营，并根据集中使用残疾人的用人单位的生产特点确定某些产品由其专产。

政府采购，在同等条件下，应当优先购买集中使用残疾人的用人单位的产品或者服务。

第十九条 国家鼓励扶持残疾人自主择业、自主创业。对残疾人从事个体经营的，应当依法给予税收优惠，有关部门应当在经营场地等方面给予照顾，并按照规定免收管理类、登记类和证照类的行政事业性收费。

国家对自主择业、自主创业的残疾人在一定期限内给予小额信贷等扶持。

第二十条 地方各级人民政府应当多方面筹集资金，组织和扶持农村残疾人从事种植业、养殖业、手工业和其他形式的生产劳动。

有关部门对从事农业生产劳动的农村残疾人，应当在生产服务、技术指导、农用物资供应、农副产品收购和信贷等方面给予帮助。

# 第四章 就业服务

第二十一条 各级人民政府和有关部门应当为就业困难的残疾人提供有针对性的就业援助服务，鼓励和扶持职业培训机构为残疾人提供职业培训，并组织残疾人定期开展职业技能竞赛。

第二十二条 中国残疾人联合会及其地方组织所属的残疾人就业服务机构应当免费为残疾人就业提供下列服务：

（一）发布残疾人就业信息；

（二）组织开展残疾人职业培训；

（三）为残疾人提供职业心理咨询、职业适应评估、职业康复训练、求职定向指导、职业介绍等服务；

（四）为残疾人自主择业提供必要的帮助；

（五）为用人单位安排残疾人就业提供必要的支持。

国家鼓励其他就业服务机构为残疾人就业提供免费服务。

第二十三条 受劳动保障部门的委托，残疾人就业服务机构可以进行残疾人失业登记、残疾人就业与失业统计；经所在地劳动保障部门批准，残疾人就业服务机构还可以进行残疾人职业技能鉴定。

第二十四条 残疾人职工与用人单位发生争议的，当地法律援助机构应当依法为其提供法律援助，各级残疾人联合会应当给予支持和帮助。

# 第五章　　法律责任

**第二十五条**　违反本条例规定，有关行政主管部门及其工作人员滥用职权、玩忽职守、徇私舞弊，构成犯罪的，依法追究刑事责任；尚不构成犯罪的，依法给予处分。

**第二十六条**　违反本条例规定，贪污、挪用、截留、私分残疾人就业保障金，构成犯罪的，依法追究刑事责任；尚不构成犯罪的，对有关责任单位、直接负责的主管人员和其他直接责任人员依法给予处分或者处罚。

**第二十七条**　违反本条例规定，用人单位未按照规定缴纳残疾人就业保障金的，由财政部门给予警告，责令限期缴纳；逾期仍不缴纳的，除补缴欠缴数额外，还应当自欠缴之日起，按日加收 5‰ 的滞纳金。

**第二十八条**　违反本条例规定，用人单位弄虚作假，虚报安排残疾人就业人数，骗取集中使用残疾人的用人单位享受的税收优惠待遇的，由税务机关依法处理。

# 第六章　　附　　则

**第二十九条**　本条例所称残疾人就业，是指符合法定就业年龄有就业要求的残疾人从事有报酬的劳动。

**第三十条**　本条例自 2007 年 5 月 1 日起施行。

# 附　录

## 促进残疾人就业增值税
## 优惠政策管理办法

国家税务总局关于发布《促进残疾人就业增值税
优惠政策管理办法》的公告
国家税务总局公告 2016 年第 33 号

　　为规范和完善促进残疾人就业增值税优惠政策管理，国家税务总局制定了《促进残疾人就业增值税优惠政策管理办法》，现予以公布，自 2016 年 5 月 1 日起施行。

　　特此公告。

国家税务总局

2016 年 5 月 27 日

　　**第一条**　为加强促进残疾人就业增值税优惠政策管理，根据《财政部 国家税务总局关于促进残疾人就业增值税优惠政策的通知》（财税〔2016〕52 号）、《国家税务总局关于发布〈税收减免管理办法〉的公告》（国家税务总局公告 2015 年第 43 号）及有关规定，制定本办法。

　　**第二条**　纳税人享受安置残疾人增值税即征即退优惠政策，适用本办法规定。

　　本办法所指纳税人，是指安置残疾人的单位和个体工商户。

　　**第三条**　纳税人首次申请享受税收优惠政策，应向主管税务机关提供以下备案资料：

（一）《税务资格备案表》。

（二）安置的残疾人的《中华人民共和国残疾人证》或者《中华人民共和国残疾军人证（1至8级）》复印件，注明与原件一致，并逐页加盖公章。安置精神残疾人的，提供精神残疾人同意就业的书面声明以及其法定监护人签字或印章的证明精神残疾人具有劳动条件和劳动意愿的书面材料。

（三）安置的残疾人的身份证明复印件，注明与原件一致，并逐页加盖公章。

**第四条**　主管税务机关受理备案后，应将全部《中华人民共和国残疾人证》或者《中华人民共和国残疾军人证（1至8级）》信息以及所安置残疾人的身份证明信息录入征管系统。

**第五条**　纳税人提供的备案资料发生变化的，应于发生变化之日起15日内就变化情况向主管税务机关办理备案。

**第六条**　纳税人申请退还增值税时，需报送如下资料：

（一）《退（抵）税申请审批表》。

（二）《安置残疾人纳税人申请增值税退税声明》。

（三）当期为残疾人缴纳社会保险费凭证的复印件及由纳税人加盖公章确认的注明缴纳人员、缴纳金额、缴纳期间的明细表。

（四）当期由银行等金融机构或纳税人加盖公章的按月为残疾人支付工资的清单。

特殊教育学校举办的企业，申请退还增值税时，不提供资料（三）和资料（四）。

**第七条**　纳税人申请享受税收优惠政策，应对报送资料的真实性和合法性承担法律责任。主管税务机关对纳税人提供资料的完整性和增值税退税额计算的准确性进行审核。

**第八条**　主管税务机关受理退税申请后，查询纳税人的纳税信用等级，对符合信用条件的，审核计算应退增值税额，并按规定办理退税。

**第九条**　纳税人本期应退增值税额按以下公式计算：

本期应退增值税额＝本期所含月份每月应退增值税额之和

月应退增值税额＝纳税人本月安置残疾人员人数×本月月最低工资标准的 4 倍

月最低工资标准，是指纳税人所在区县（含县级市、旗）适用的经省（含自治区、直辖市、计划单列市）人民政府批准的月最低工资标准。

纳税人本期已缴增值税额小于本期应退税额不足退还的，可在本年度内以前纳税期已缴增值税额扣除已退增值税额的余额中退还，仍不足退还的可结转本年度内以后纳税期退还。年度已缴增值税额小于或等于年度应退税额的，退税额为年度已缴增值税额；年度已缴增值税额大于年度应退税额的，退税额为年度应退税额。年度已缴增值税额不足退还的，不得结转以后年度退还。

**第十条** 纳税人新安置的残疾人从签订劳动合同并缴纳社会保险的次月起计算，其他职工从录用的次月起计算；安置的残疾人和其他职工减少的，从减少当月计算。

**第十一条** 主管税务机关应于每年 2 月底之前，在其网站或办税服务厅，将本地区上一年度享受安置残疾人增值税优惠政策的纳税人信息，按下列项目予以公示：纳税人名称、纳税人识别号、法人代表、计算退税的残疾人职工人次等。

**第十二条** 享受促进残疾人就业增值税优惠政策的纳税人，对能证明或印证符合政策规定条件的相关材料负有留存备查义务。纳税人在税务机关后续管理中不能提供相关材料的，不得继续享受优惠政策。税务机关应追缴其相应纳税期内已享受的增值税退税，并依照税收征管法及其实施细则的有关规定处理。

**第十三条** 各地税务机关要加强税收优惠政策落实情况的后续管理，对纳税人进行定期或不定期检查。检查发现纳税人不符合财税〔2016〕52 号文件规定的，按有关规定予以处理。

**第十四条** 本办法实施前已办理税收优惠资格备案的纳税人，主管税务机关应检查其已备案资料是否满足本办法第三条规定，残疾人信息是否已按第四条规定录入信息系统，如有缺失，应要求纳税人补充报送备案资料，补录信息。

**第十五条** 各省、自治区、直辖市和计划单列市国家税务局，应定期或不定期在征管系统中对残疾人信息进行比对，发现异常的，按相关规定处理。

**第十六条** 本办法自 2016 年 5 月 1 日起施行。

# 关于安置残疾人员就业有关企业
# 所得税优惠政策问题的通知

财税〔2009〕70号

各省、自治区、直辖市、计划单列市财政厅（局）、国家税务局、地方税务局，新疆生产建设兵团财务局：

根据《中华人民共和国企业所得税法》和《中华人民共和国企业所得税法实施条例》（国务院令第512号）的有关规定，现就企业安置残疾人员就业有关企业所得税优惠政策问题，通知如下：

一、企业安置残疾人员的，在按照支付给残疾职工工资据实扣除的基础上，可以在计算应纳税所得额时按照支付给残疾职工工资的100%加计扣除。

企业就支付给残疾职工的工资，在进行企业所得税预缴申报时，允许据实计算扣除；在年度终了进行企业所得税年度申报和汇算清缴时，再依照本条第一款的规定计算加计扣除。

二、残疾人员的范围适用《中华人民共和国残疾人保障法》的有关规定。

三、企业享受安置残疾职工工资100%加计扣除应同时具备如下条件：

1. 依法与安置的每位残疾人签订了1年以上（含1年）的劳动合同或服务协议，并且安置的每位残疾人在企业实际上岗工作。

2. 为安置的每位残疾人按月足额缴纳了企业所在区县人民政府根据国家政策规定的基本养老保险、基本医疗保险、失业保险和工伤保险等社会保险。

3. 定期通过银行等金融机构向安置的每位残疾人实际支付了不低于企业所在区县适用的经省级人民政府批准的最低工资标准的工资。

4. 具备安置残疾人上岗工作的基本设施。

四、企业应在年度终了进行企业所得税年度申报和汇算清缴时，向主管税务机关报送本通知第四条规定的相关资料、已安置残疾职工名单及其《中华人民共和国残疾人证》或《中华人民共和国残疾军人证（1至8级）》复印件和主管税务机关要求提供的其他资料，办理享受企业所得税加计扣除优惠的备案手续。

五、在企业汇算清缴结束后，主管税务机关在对企业进行日常管理、纳税评估和纳税检查时，应对安置残疾人员企业所得税加计扣除优惠的情况进行核实。

六、本通知自 2008 年 1 月 1 日起执行。

中华人民共和国财政部

国家税务总局

二〇〇九年四月三十日

# 关于促进残疾人就业
# 政府采购政策的通知

财库〔2017〕141 号

党中央有关部门，国务院各部委、各直属机构，全国人大常委会办公厅，全国政协办公厅，高法院，高检院，各民主党派中央，有关人民团体，各省、自治区、直辖市、计划单列市财政厅（局）、民政厅（局）、残疾人联合会，新疆生产建设兵团财务局、民政局、残疾人联合会：

为了发挥政府采购促进残疾人就业的作用，进一步保障残疾人权益，依照《政府采购法》、《残疾人保障法》等法律法规及相关规定，现就促进残疾人就业政府采购政策通知如下：

一、享受政府采购支持政策的残疾人福利性单位应当同时满足以下条件：

（一）安置的残疾人占本单位在职职工人数的比例不低于 25%（含 25%），并且安置的残疾人人数不少于 10 人（含 10 人）；

（二）依法与安置的每位残疾人签订了一年以上（含一年）的劳动合同或服务协议；

（三）为安置的每位残疾人按月足额缴纳了基本养老保险、基本医疗保险、失业保险、工伤保险和生育保险等社会保险费；

（四）通过银行等金融机构向安置的每位残疾人，按月支付了不低于单位所在区县适用的经省级人民政府批准的月最低工资标准的工资；

（五）提供本单位制造的货物、承担的工程或者服务（以下简称产品），或者提供其他残疾人福利性单位制造的货物（不包括使用非残疾人福利性单位注册商标的货物）。

前款所称残疾人是指法定劳动年龄内，持有《中华人民共和国残疾人证》或者《中华人民共和国残疾军人证（1 至 8 级）》的自然人，包括具有劳动条件和劳动意愿的精神残疾人。在职职工人数是指与残疾人福利性单位建立劳动关系并依法签订劳动合同或者服务协议的雇员人数。

二、符合条件的残疾人福利性单位在参加政府采购活动时，应当提供本通知规定的《残疾人福利性单位声明函》（见附件），并对声明的真实性负责。任何单位或者个人在政府采购活动中均不得要求残疾人福利性单位提供其他证明声明函内容的材料。

中标、成交供应商为残疾人福利性单位的，采购人或者其委托的采购代理机构应当随中标、成交结果同时公告其《残疾人福利性单位声明函》，接受社会监督。

供应商提供的《残疾人福利性单位声明函》与事实不符的，依照《政府采购法》第七十七条第一款的规定追究法律责任。

三、在政府采购活动中，残疾人福利性单位视同小型、微型企业，享受预留份额、评审中价格扣除等促进中小企业发展的政府采购政策。向残疾人福利性单位采购的金额，计入面向中小企业采购的统计数据。残疾人福利性单位属于小型、微型企业的，不重复享受政策。

四、采购人采购公开招标数额标准以上的货物或者服务，因落实促进残疾人就业政策的需要，依法履行有关报批程序后，可采用公开招标以外的采购方式。

五、对于满足要求的残疾人福利性单位产品，集中采购机构可直接纳入协议供货或者定点采购范围。各地区建设的政府采购电子卖场、电子商城、网上超市等应当设立残疾人福利性单位产品专栏。鼓励采购人优先选择残疾人福利性单位的产品。

六、省级财政部门可以结合本地区残疾人生产、经营的实际情况，细化政府采购支持措施。对符合国家有关部门规定条件的残疾人辅助性就业机构，可通过上述措施予以支持。各地制定的有关文件应当报财政部备案。

七、本通知自 2017 年 10 月 1 日起执行。

财政部 民政部 中国残疾人联合会
2017 年 8 月 22 日

# 工资集体协商试行办法

中华人民共和国劳动和社会保障部令

第 9 号

《工资集体协商试行办法》已于 2000 年 10 月 10 日经劳动和社会保障部部务会议通过，现予发布，自发布之日起施行。

部长　张左己

二〇〇〇年十一月八日

# 第一章　总　则

**第一条**　为规范工资集体协商和签订工资集体协议（以下简称工资协议）的行为，保障劳动关系双方的合法权益，促进劳动关系的和谐稳定，依据《中华人民共和国劳动法》和国家有关规定，制定本办法。

**第二条**　中华人民共和国境内的企业依法开展工资集体协商，签订工资协议，适用本办法。

**第三条**　本办法所称工资集体协商，是指职工代表与企业代表依法就企业内部工资分配制度、工资分配形式、工资收入水平等事项进行平等协商，在协商一致的基础上签订工资协议的行为。

本办法所称工资协议，是指专门就工资事项签订的专项集体合同。已订立集体合同的，工资协议作为集体合同的附件，并与集体合同具有同等效力。

**第四条** 依法订立的工资协议对企业和职工双方具有同等约束力。双方必须全面履行工资协议规定的义务，任何一方不得擅自变更或解除工资协议。

**第五条** 职工个人与企业订立的劳动合同中关于工资报酬的标准，不得低于工资协议规定的最低标准。

**第六条** 县级以上劳动保障行政部门依法对工资协议进行审查，对协议的履行情况进行监督检查。

# 第二章　工资集体协商内容

**第七条** 工资集体协商一般包括以下内容：

（一）工资协议的期限；

（二）工资分配制度、工资标准和工资分配形式；

（三）职工年度平均工资水平及其调整幅度；

（四）奖金、津贴、补贴等分配办法；

（五）工资支付办法；

（六）变更、解除工资协议的程序；

（七）工资协议的终止条件；

（八）工资协议的违约责任；

（九）双方认为应当协商约定的其他事项。

**第八条** 协商确定职工年度工资水平应符合国家有关工资分配的宏观调控政策，并综合参考下列因素：

（一）地区、行业、企业的人工成本水平；

（二）地区、行业的职工平均工资水平；

（三）当地政府发布的工资指导线、劳动力市场工资指导价位；

（四）本地区城镇居民消费价格指数；

（五）企业劳动生产率和经济效益；

（六）国有资产保值增值；

（七）上年度企业职工工资总额和职工平均工资水平；

（八）其他与工资集体协商有关的情况。

# 第三章　工资集体协商代表

**第九条**　工资集体协商代表应依照法定程序产生。职工一方由工会代表。未建工会的企业由职工民主推举代表，并得到半数以上职工的同意。企业代表由法定代表人和法定代表人指定的其他人员担任。

**第十条**　协商双方各确定一名首席代表。职工首席代表应当由工会主席担任，工会主席可以书面委托其他人员作为自己的代理人；未成立工会的，由职工集体协商代表推举。企业首席代表应当由法定代表人担任，法定代表人可以书面委托其他管理人员作为自己的代理人。

**第十一条**　协商双方的首席代表在工资集体协商期间轮流担任协商会议执行主席。协商会议执行主席的主要职责是负责工资集体协商有关组织协调工作，并对协商过程中发生的问题提出处理建议。

**第十二条**　协商双方可书面委托本企业以外的专业人士作为本方协商代表。委托人数不得超过本方代表的1/3。

**第十三条**　协商双方享有平等的建议权、否决权和陈述权。

**第十四条**　由企业内部产生的协商代表参加工资集体协商的活动应视为提供正常劳动，享受的工资、奖金、津贴、补贴、保险福利待遇不变。其中，职工协商代表的合法权益受法律保护。企业不得对职工协商代表采取歧视性行为，不得违法解除或变更其劳动合同。

**第十五条**　协商代表应遵守双方确定的协商规则，履行代表职责，并负有保守企业商业秘密的责任。协商代表任何一方不得采取过激、威胁、收买、欺骗等行为。

**第十六条**　协商代表应了解和掌握工资分配的有关情况，广泛征求各方面的意见，接受本方人员对工资集体协商有关问题的质询。

# 第四章　工资集体协商程序

**第十七条**　职工和企业任何一方均可提出进行工资集体协商的要求。工资集体协商的提出方应向另一方提出书面的协商意向书，明确协商的时间、地点、内容等。另一方接到协商意向书后，应于20日内予以书面答复，并与提出方共同进行工资集体协商。

**第十八条**　在不违反有关法律、法规的前提下，协商双方有义务按照对方要求，在协商开始前5日内，提供与工资集体协商有关的真实情况和资料。

**第十九条**　工资协议草案应提交职工代表大会或职工大会讨论审议。

**第二十条**　工资集体协商双方达成一致意见后，由企业行政方制作工资协议文本。工资协议经双方首席代表签字盖章后成立。

# 第五章　工资协议审查

**第二十一条**　工资协议签订后，应于7日内由企业将工资协议一式三份及说明，报送劳动保障行政部门审查。

**第二十二条**　劳动保障行政部门应在收到工资协议15日内，对工资集体协商双方代表资格、工资协议的条款内容和签订程序等进行审查。

劳动保障行政部门经审查对工资协议无异议，应及时向协商双方送达《工资协议审查意见书》，工资协议即行生效。

劳动保障行政部门对工资协议有修改意见，应将修改意见在《工资协议审查意见书》中通知协商双方。双方应就修改意见及时协商，修改工资协议，并重新报送劳动保障行政部门。

工资协议向劳动保障行政部门报送经过15日后，协议双方未收到劳动保障行政部门的《工资协议审查意见书》，视为已经劳动保障行政部门同意，该工资协议即行生效。

**第二十三条**　协商双方应于5日内将已经生效的工资协议以适当

形式向本方全体人员公布。

第二十四条　工资集体协商一般情况下一年进行一次。职工和企业双方均可在原工资协议期满前 60 日内，向对方书面提出协商意向书，进行下一轮的工资集体协商，做好新旧工资协议的相互衔接。

# 第六章　附　则

第二十五条　本办法对工资集体协商和工资协议的有关内容未做规定的，按《集体合同规定》的有关规定执行。

第二十六条　本办法自发布之日起施行。

# 附　录

## 职工带薪年休假条例

中华人民共和国国务院令
第 514 号

《职工带薪年休假条例》已经 2007 年 12 月 7 日国务院第 198 次常务会议通过，现予公布，自 2008 年 1 月 1 日起施行。

总理　温家宝
二〇〇七年十二月十四日

**第一条**　为了维护职工休息休假权利，调动职工工作积极性，根据劳动法和公务员法，制定本条例。

**第二条**　机关、团体、企业、事业单位、民办非企业单位、有雇工的个体工商户等单位的职工连续工作 1 年以上的，享受带薪年休假（以下简称年休假）。单位应当保证职工享受年休假。

职工在年休假期间享受与正常工作期间相同的工资收入。

**第三条**　职工累计工作已满 1 年不满 10 年的，年休假 5 天；已满 10 年不满 20 年的，年休假 10 天；已满 20 年的，年休假 15 天。

国家法定休假日、休息日不计入年休假的假期。

**第四条**　职工有下列情形之一的，不享受当年的年休假：

（一）职工依法享受寒暑假，其休假天数多于年休假天数的；

（二）职工请事假累计 20 天以上且单位按照规定不扣工资的；

（三）累计工作满 1 年不满 10 年的职工，请病假累计 2 个月以上的；

（四）累计工作满 10 年不满 20 年的职工，请病假累计 3 个月以上的；

（五）累计工作满 20 年以上的职工，请病假累计 4 个月以上的。

**第五条**  单位根据生产、工作的具体情况，并考虑职工本人意愿，统筹安排职工年休假。

年休假在 1 个年度内可以集中安排，也可以分段安排，一般不跨年度安排。单位因生产、工作特点确有必要跨年度安排职工年休假的，可以跨 1 个年度安排。

单位确因工作需要不能安排职工休年休假的，经职工本人同意，可以不安排职工休年休假。对职工应休未休的年休假天数，单位应当按照该职工日工资收入的 300% 支付年休假工资报酬。

**第六条**  县级以上地方人民政府人事部门、劳动保障部门应当依据职权对单位执行本条例的情况主动进行监督检查。

工会组织依法维护职工的年休假权利。

**第七条**  单位不安排职工休年休假又不依照本条例规定给予年休假工资报酬的，由县级以上地方人民政府人事部门或者劳动保障部门依据职权责令限期改正；对逾期不改正的，除责令该单位支付年休假工资报酬外，单位还应当按照年休假工资报酬的数额向职工加付赔偿金；对拒不支付年休假工资报酬、赔偿金的，属于公务员和参照公务员法管理的人员所在单位的，对直接负责的主管人员以及其他直接责任人员依法给予处分；属于其他单位的，由劳动保障部门、人事部门或者职工申请人民法院强制执行。

**第八条**  职工与单位因年休假发生的争议，依照国家有关法律、行政法规的规定处理。

**第九条**  国务院人事部门、国务院劳动保障部门依据职权，分别制定本条例的实施办法。

**第十条**  本条例自 2008 年 1 月 1 日起施行。

# 最低工资规定

中华人民共和国劳动和社会保障部令
第 21 号

《最低工资规定》已于 2003 年 12 月 30 日经劳动和社会保障部第 7 次部务会议通过,现予公布,自 2004 年 3 月 1 日起施行。

部长　郑斯林
二○○四年一月二十日

**第一条**　为了维护劳动者取得劳动报酬的合法权益,保障劳动者个人及其家庭成员的基本生活,根据劳动法和国务院有关规定,制定本规定。

**第二条**　本规定适用于在中华人民共和国境内的企业、民办非企业单位、有雇工的个体工商户(以下统称用人单位)和与之形成劳动关系的劳动者。

国家机关、事业单位、社会团体和与之建立劳动合同关系的劳动者,依照本规定执行。

**第三条**　本规定所称最低工资标准,是指劳动者在法定工作时间或依法签订的劳动合同约定的工作时间内提供了正常劳动的前提下,用人单位依法应支付的最低劳动报酬。

本规定所称正常劳动,是指劳动者按依法签订的劳动合同约定,在法定工作时间或劳动合同约定的工作时间内从事的劳动。劳动者依法享受带薪年休假、探亲假、婚丧假、生育(产)假、节育手术假等国家规定的假期间,以及法定工作时间内依法参加社会活动期间,视为提供了正常劳动。

**第四条**　县级以上地方人民政府劳动保障行政部门负责对本行政区域内用人单位执行本规定情况进行监督检查。

各级工会组织依法对本规定执行情况进行监督，发现用人单位支付劳动者工资违反本规定的，有权要求当地劳动保障行政部门处理。

**第五条** 最低工资标准一般采取月最低工资标准和小时最低工资标准的形式。月最低工资标准适用于全日制就业劳动者，小时最低工资标准适用于非全日制就业劳动者。

**第六条** 确定和调整月最低工资标准，应参考当地就业者及其赡养人口的最低生活费用、城镇居民消费价格指数、职工个人缴纳的社会保险费和住房公积金、职工平均工资、经济发展水平、就业状况等因素。

确定和调整小时最低工资标准，应在颁布的月最低工资标准的基础上，考虑单位应缴纳的基本养老保险费和基本医疗保险费因素，同时还应适当考虑非全日制劳动者在工作稳定性、劳动条件和劳动强度、福利等方面与全日制就业人员之间的差异。

月最低工资标准和小时最低工资标准具体测算方法见有关文件。

**第七条** 省、自治区、直辖市范围内的不同行政区域可以有不同的最低工资标准。

**第八条** 最低工资标准的确定和调整方案，由省、自治区、直辖市人民政府劳动保障行政部门会同同级工会、企业联合会/企业家协会研究拟订，并将拟订的方案报送劳动保障部。方案内容包括最低工资确定和调整的依据、适用范围、拟订标准和说明。劳动保障部在收到拟订方案后，应征求全国总工会、中国企业联合会/企业家协会的意见。

劳动保障部对方案可以提出修订意见，若在方案收到后 14 日内未提出修订意见的，视为同意。

**第九条** 省、自治区、直辖市劳动保障行政部门应将本地区最低工资标准方案报省、自治区、直辖市人民政府批准，并在批准后 7 日内在当地政府公报上和至少一种全地区性报纸上发布。省、自治区、直辖市劳动保障行政部门应在发布后 10 日内将最低工资标准报劳动保障部。

**第十条** 最低工资标准发布实施后，如本规定第六条所规定的相关因素发生变化，应当适时调整。最低工资标准每两年至少调整一次。

第十一条　用人单位应在最低工资标准发布后 10 日内将该标准向本单位全体劳动者公示。

第十二条　在劳动者提供正常劳动的情况下，用人单位应支付给劳动者的工资在剔除下列各项以后，不得低于当地最低工资标准：

（一）延长工作时间工资；

（二）中班、夜班、高温、低温、井下、有毒有害等特殊工作环境、条件下的津贴；

（三）法律、法规和国家规定的劳动者福利待遇等。

实行计件工资或提成工资等工资形式的用人单位，在科学合理的劳动定额基础上，其支付劳动者的工资不得低于相应的最低工资标准。

劳动者由于本人原因造成在法定工作时间内或依法签订的劳动合同约定的工作时间内未提供正常劳动的，不适用于本条规定。

第十三条　用人单位违反本规定第十一条规定的，由劳动保障行政部门责令其限期改正；违反本规定第十二条规定的，由劳动保障行政部门责令其限期补发所欠劳动者工资，并可责令其按所欠工资的 1 至 5 倍支付劳动者赔偿金。

第十四条　劳动者与用人单位之间就执行最低工资标准发生争议，按劳动争议处理有关规定处理。

第十五条　本规定自 2004 年 3 月 1 日起实施。1993 年 11 月 24 日原劳动部发布的《企业最低工资规定》同时废止。

# 最低工资标准测算方法

### （劳动和社会保障部标准）

一、确定最低工资标准应考虑的因素

确定最低工资标准一般考虑城镇居民生活费用支出、职工个人缴纳社会保险费、住房公积金、职工平均工资、失业率、经济发展水平等因素。可用公式表示为：

$M = f\ (C、S、A、U、E、a)$

M 最低工资标准；

C 城镇居民人均生活费用；

S 职工个人缴纳社会保险费、住房公积金；

A 职工平均工资；

U 失业率；

E 经济发展水平；

a 调整因素。

二、确定最低工资标准的通用方法

（一）比重法即根据城镇居民家计调查资料，确定一定比例的最低人均收入户为贫困户，统计出贫困户的人均生活费用支出水平，乘以每一就业者的赡养系数，再加上一个调整数。

（二）恩格尔系数法即根据国家营养学会提供的年度标准食物谱及标准食物摄取量，结合标准食物的市场价格，计算出最低食物支出标准，除以恩格尔系数，得出最低生活费用标准，再乘以每一就业者的赡养系数，再加上一个调整数。

以上方法计算出月最低工资标准后，再考虑职工个人缴纳社会保险费、住房公积金、职工平均工资水平、社会救济金和失业保险金标准、就业状况、经济发展水平等进行必要的修正。

举例：某地区最低收入组人均每月生活费支出为 210 元，每一就业者赡养系数为 1.87，最低食物费用为 127 元，恩格尔系数为 0.604，平均工资为 900 元。

1. 按比重法计算得出该地区月最低工资标准为：

月最低工资标准＝210×1.87+a＝393+a（元）

2. 按恩格尔系数法计算得出该地区月最低工资标准为：

月最低工资标准＝127÷0.604×1.87+a＝393+a（元）

公式1与2中a的调整因素主要考虑当地个人缴纳养老、失业、医疗保险费和住房公积金等费用。

另，按照国际上一般月最低工资标准相当于月平均工资的40—60%，则该地区月最低工资标准范围应在360元—540元之间。

小时最低工资标准＝〔（月最低工资标准÷20.92÷8）×（1+单位应当缴纳的基本养老保险费、基本医疗保险费比例之和）〕×（1+浮动系数）

浮动系数的确定主要考虑非全日制就业劳动者工作稳定性、劳动条件和劳动强度、福利等方面与全日制就业人员之间的差异。

各地可参照以上测算办法，根据当地实际情况合理确定月、小时最低工资标准。

# 中华人民共和国劳动争议调解仲裁法

中华人民共和国主席令

第八十号

《中华人民共和国劳动争议调解仲裁法》已由中华人民共和国第十届全国人民代表大会常务委员会第三十一次会议于2007年12月29日通过，现予公布，自2008年5月1日起施行。

中华人民共和国主席　胡锦涛

2007年12月29日

## 第一章　总　　则

**第一条**　为了公正及时解决劳动争议，保护当事人合法权益，促进劳动关系和谐稳定，制定本法。

**第二条**　中华人民共和国境内的用人单位与劳动者发生的下列劳动争议，适用本法：

（一）因确认劳动关系发生的争议；

（二）因订立、履行、变更、解除和终止劳动合同发生的争议；

（三）因除名、辞退和辞职、离职发生的争议；

（四）因工作时间、休息休假、社会保险、福利、培训以及劳动保护发生的争议；

（五）因劳动报酬、工伤医疗费、经济补偿或者赔偿金等发生的争议；

（六）法律、法规规定的其他劳动争议。

**第三条**　解决劳动争议，应当根据事实，遵循合法、公正、及时、着重调解的原则，依法保护当事人的合法权益。

**第四条**　发生劳动争议，劳动者可以与用人单位协商，也可以请工会或者第三方共同与用人单位协商，达成和解协议。

**第五条**　发生劳动争议，当事人不愿协商、协商不成或者达成和解协议后不履行的，可以向调解组织申请调解；不愿调解、调解不成或者达成调解协议后不履行的，可以向劳动争议仲裁委员会申请仲裁；对仲裁裁决不服的，除本法另有规定的外，可以向人民法院提起诉讼。

**第六条**　发生劳动争议，当事人对自己提出的主张，有责任提供证据。与争议事项有关的证据属于用人单位掌握管理的，用人单位应当提供；用人单位不提供的，应当承担不利后果。

**第七条**　发生劳动争议的劳动者一方在十人以上，并有共同请求的，可以推举代表参加调解、仲裁或者诉讼活动。

**第八条**　县级以上人民政府劳动行政部门会同工会和企业方面代表建立协调劳动关系三方机制，共同研究解决劳动争议的重大问题。

**第九条**　用人单位违反国家规定，拖欠或者未足额支付劳动报酬，或者拖欠工伤医疗费、经济补偿或者赔偿金的，劳动者可以向劳动行政部门投诉，劳动行政部门应当依法处理。

# 第二章　调　解

**第十条**　发生劳动争议，当事人可以到下列调解组织申请调解：

（一）企业劳动争议调解委员会；

（二）依法设立的基层人民调解组织；

（三）在乡镇、街道设立的具有劳动争议调解职能的组织。

企业劳动争议调解委员会由职工代表和企业代表组成。职工代表由工会成员担任或者由全体职工推举产生，企业代表由企业负责人指定。企业劳动争议调解委员会主任由工会成员或者双方推举的人员担任。

**第十一条** 劳动争议调解组织的调解员应当由公道正派、联系群众、热心调解工作，并具有一定法律知识、政策水平和文化水平的成年公民担任。

**第十二条** 当事人申请劳动争议调解可以书面申请，也可以口头申请。口头申请的，调解组织应当当场记录申请人基本情况、申请调解的争议事项、理由和时间。

**第十三条** 调解劳动争议，应当充分听取双方当事人对事实和理由的陈述，耐心疏导，帮助其达成协议。

**第十四条** 经调解达成协议的，应当制作调解协议书。

调解协议书由双方当事人签名或者盖章，经调解员签名并加盖调解组织印章后生效，对双方当事人具有约束力，当事人应当履行。

自劳动争议调解组织收到调解申请之日起十五日内未达成调解协议的，当事人可以依法申请仲裁。

**第十五条** 达成调解协议后，一方当事人在协议约定期限内不履行调解协议的，另一方当事人可以依法申请仲裁。

**第十六条** 因支付拖欠劳动报酬、工伤医疗费、经济补偿或者赔偿金事项达成调解协议，用人单位在协议约定期限内不履行的，劳动者可以持调解协议书依法向人民法院申请支付令。人民法院应当依法发出支付令。

# 第三章 仲 裁

## 第一节 一般规定

**第十七条** 劳动争议仲裁委员会按照统筹规划、合理布局和适应实际需要的原则设立。省、自治区人民政府可以决定在市、县设立；直辖市人民政府可以决定在区、县设立。直辖市、设区的市也可以设立一个或者若干个劳动争议仲裁委员会。劳动争议仲裁委员会不按行政区划层层设立。

**第十八条** 国务院劳动行政部门依照本法有关规定制定仲裁规则。

省、自治区、直辖市人民政府劳动行政部门对本行政区域的劳动争议仲裁工作进行指导。

第十九条　劳动争议仲裁委员会由劳动行政部门代表、工会代表和企业方面代表组成。劳动争议仲裁委员会组成人员应当是单数。

劳动争议仲裁委员会依法履行下列职责：

（一）聘任、解聘专职或者兼职仲裁员；

（二）受理劳动争议案件；

（三）讨论重大或者疑难的劳动争议案件；

（四）对仲裁活动进行监督。

劳动争议仲裁委员会下设办事机构，负责办理劳动争议仲裁委员会的日常工作。

第二十条　劳动争议仲裁委员会应当设仲裁员名册。

仲裁员应当公道正派并符合下列条件之一：

（一）曾任审判员的；

（二）从事法律研究、教学工作并具有中级以上职称的；

（三）具有法律知识、从事人力资源管理或者工会等专业工作满五年的；

（四）律师执业满三年的。

第二十一条　劳动争议仲裁委员会负责管辖本区域内发生的劳动争议。

劳动争议由劳动合同履行地或者用人单位所在地的劳动争议仲裁委员会管辖。双方当事人分别向劳动合同履行地和用人单位所在地的劳动争议仲裁委员会申请仲裁的，由劳动合同履行地的劳动争议仲裁委员会管辖。

第二十二条　发生劳动争议的劳动者和用人单位为劳动争议仲裁案件的双方当事人。

劳务派遣单位或者用工单位与劳动者发生劳动争议的，劳务派遣单位和用工单位为共同当事人。

第二十三条　与劳动争议案件的处理结果有利害关系的第三人，可以申请参加仲裁活动或者由劳动争议仲裁委员会通知其参加仲裁活动。

**第二十四条** 当事人可以委托代理人参加仲裁活动。委托他人参加仲裁活动，应当向劳动争议仲裁委员会提交有委托人签名或者盖章的委托书，委托书应当载明委托事项和权限。

**第二十五条** 丧失或者部分丧失民事行为能力的劳动者，由其法定代理人代为参加仲裁活动；无法定代理人的，由劳动争议仲裁委员会为其指定代理人。劳动者死亡的，由其近亲属或者代理人参加仲裁活动。

**第二十六条** 劳动争议仲裁公开进行，但当事人协议不公开进行或者涉及国家秘密、商业秘密和个人隐私的除外。

## 第二节 申请和受理

**第二十七条** 劳动争议申请仲裁的时效期间为一年。仲裁时效期间从当事人知道或者应当知道其权利被侵害之日起计算。

前款规定的仲裁时效，因当事人一方向对方当事人主张权利，或者向有关部门请求权利救济，或者对方当事人同意履行义务而中断。从中断时起，仲裁时效期间重新计算。

因不可抗力或者有其他正当理由，当事人不能在本条第一款规定的仲裁时效期间申请仲裁的，仲裁时效中止。从中止时效的原因消除之日起，仲裁时效期间继续计算。

劳动关系存续期间因拖欠劳动报酬发生争议的，劳动者申请仲裁不受本条第一款规定的仲裁时效期间的限制；但是，劳动关系终止的，应当自劳动关系终止之日起一年内提出。

**第二十八条** 申请人申请仲裁应当提交书面仲裁申请，并按照被申请人人数提交副本。

仲裁申请书应当载明下列事项：

（一）劳动者的姓名、性别、年龄、职业、工作单位和住所，用人单位的名称、住所和法定代表人或者主要负责人的姓名、职务；

（二）仲裁请求和所根据的事实、理由；

（三）证据和证据来源、证人姓名和住所。

书写仲裁申请确有困难的，可以口头申请，由劳动争议仲裁委员会记入笔录，并告知对方当事人。

第二十九条 劳动争议仲裁委员会收到仲裁申请之日起五日内，认为符合受理条件的，应当受理，并通知申请人；认为不符合受理条件的，应当书面通知申请人不予受理，并说明理由。对劳动争议仲裁委员会不予受理或者逾期未作出决定的，申请人可以就该劳动争议事项向人民法院提起诉讼。

第三十条 劳动争议仲裁委员会受理仲裁申请后，应当在五日内将仲裁申请书副本送达被申请人。

被申请人收到仲裁申请书副本后，应当在十日内向劳动争议仲裁委员会提交答辩书。劳动争议仲裁委员会收到答辩书后，应当在五日内将答辩书副本送达申请人。被申请人未提交答辩书的，不影响仲裁程序的进行。

## 第三节 开庭和裁决

第三十一条 劳动争议仲裁委员会裁决劳动争议案件实行仲裁庭制。仲裁庭由三名仲裁员组成，设首席仲裁员。简单劳动争议案件可以由一名仲裁员独任仲裁。

第三十二条 劳动争议仲裁委员会应当在受理仲裁申请之日起五日内将仲裁庭的组成情况书面通知当事人。

第三十三条 仲裁员有下列情形之一，应当回避，当事人也有权以口头或者书面方式提出回避申请：

（一）是本案当事人或者当事人、代理人的近亲属的；

（二）与本案有利害关系的；

（三）与本案当事人、代理人有其他关系，可能影响公正裁决的；

（四）私自会见当事人、代理人，或者接受当事人、代理人的请客送礼的。

劳动争议仲裁委员会对回避申请应当及时作出决定，并以口头或者书面方式通知当事人。

第三十四条 仲裁员有本法第三十三条第四项规定情形，或者有索贿受贿、徇私舞弊、枉法裁决行为的，应当依法承担法律责任。劳动争议仲裁委员会应当将其解聘。

第三十五条 仲裁庭应当在开庭五日前，将开庭日期、地点书面通知双方当事人。当事人有正当理由的，可以在开庭三日前请求延期开庭。是否延期，由劳动争议仲裁委员会决定。

**第三十六条**　申请人收到书面通知，无正当理由拒不到庭或者未经仲裁庭同意中途退庭的，可以视为撤回仲裁申请。

被申请人收到书面通知，无正当理由拒不到庭或者未经仲裁庭同意中途退庭的，可以缺席裁决。

**第三十七条**　仲裁庭对专门性问题认为需要鉴定的，可以交由当事人约定的鉴定机构鉴定；当事人没有约定或者无法达成约定的，由仲裁庭指定的鉴定机构鉴定。

根据当事人的请求或者仲裁庭的要求，鉴定机构应当派鉴定人参加开庭。当事人经仲裁庭许可，可以向鉴定人提问。

**第三十八条**　当事人在仲裁过程中有权进行质证和辩论。质证和辩论终结时，首席仲裁员或者独任仲裁员应当征询当事人的最后意见。

**第三十九条**　当事人提供的证据经查证属实的，仲裁庭应当将其作为认定事实的根据。

劳动者无法提供由用人单位掌握管理的与仲裁请求有关的证据，仲裁庭可以要求用人单位在指定期限内提供。用人单位在指定期限内不提供的，应当承担不利后果。

**第四十条**　仲裁庭应当将开庭情况记入笔录。当事人和其他仲裁参加人认为对自己陈述的记录有遗漏或者差错的，有权申请补正。如果不予补正，应当记录该申请。

笔录由仲裁员、记录人员、当事人和其他仲裁参加人签名或者盖章。

**第四十一条**　当事人申请劳动争议仲裁后，可以自行和解。达成和解协议的，可以撤回仲裁申请。

**第四十二条**　仲裁庭在作出裁决前，应当先行调解。

调解达成协议的，仲裁庭应当制作调解书。

调解书应当写明仲裁请求和当事人协议的结果。调解书由仲裁员签名，加盖劳动争议仲裁委员会印章，送达双方当事人。调解书经双方当事人签收后，发生法律效力。

调解不成或者调解书送达前，一方当事人反悔的，仲裁庭应当及时作出裁决。

**第四十三条** 仲裁庭裁决劳动争议案件，应当自劳动争议仲裁委员会受理仲裁申请之日起四十五日内结束。案情复杂需要延期的，经劳动争议仲裁委员会主任批准，可以延期并书面通知当事人，但是延长期限不得超过十五日。逾期未作出仲裁裁决的，当事人可以就该劳动争议事项向人民法院提起诉讼。

仲裁庭裁决劳动争议案件时，其中一部分事实已经清楚，可以就该部分先行裁决。

**第四十四条** 仲裁庭对追索劳动报酬、工伤医疗费、经济补偿或者赔偿金的案件，根据当事人的申请，可以裁决先予执行，移送人民法院执行。

仲裁庭裁决先予执行的，应当符合下列条件：

（一）当事人之间权利义务关系明确；

（二）不先予执行将严重影响申请人的生活。

劳动者申请先予执行的，可以不提供担保。

**第四十五条** 裁决应当按照多数仲裁员的意见作出，少数仲裁员的不同意见应当记入笔录。仲裁庭不能形成多数意见时，裁决应当按照首席仲裁员的意见作出。

**第四十六条** 裁决书应当载明仲裁请求、争议事实、裁决理由、裁决结果和裁决日期。裁决书由仲裁员签名，加盖劳动争议仲裁委员会印章。对裁决持不同意见的仲裁员，可以签名，也可以不签名。

**第四十七条** 下列劳动争议，除本法另有规定的外，仲裁裁决为终局裁决，裁决书自作出之日起发生法律效力：

（一）追索劳动报酬、工伤医疗费、经济补偿或者赔偿金，不超过当地月最低工资标准十二个月金额的争议；

（二）因执行国家的劳动标准在工作时间、休息休假、社会保险等方面发生的争议。

**第四十八条** 劳动者对本法第四十七条规定的仲裁裁决不服的，可以自收到仲裁裁决书之日起十五日内向人民法院提起诉讼。

**第四十九条** 用人单位有证据证明本法第四十七条规定的仲裁裁决有下列情形之一，可以自收到仲裁裁决书之日起三十日内向劳动争议仲裁委员会所在地的中级人民法院申请撤销裁决：

（一）适用法律、法规确有错误的；

（二）劳动争议仲裁委员会无管辖权的；

（三）违反法定程序的；

（四）裁决所根据的证据是伪造的；

（五）对方当事人隐瞒了足以影响公正裁决的证据的；

（六）仲裁员在仲裁该案时有索贿受贿、徇私舞弊、枉法裁决行为的。

人民法院经组成合议庭审查核实裁决有前款规定情形之一的，应当裁定撤销。

仲裁裁决被人民法院裁定撤销的，当事人可以自收到裁定书之日起十五日内就该劳动争议事项向人民法院提起诉讼。

**第五十条** 当事人对本法第四十七条规定以外的其他劳动争议案件的仲裁裁决不服的，可以自收到仲裁裁决书之日起十五日内向人民法院提起诉讼；期满不起诉的，裁决书发生法律效力。

**第五十一条** 当事人对发生法律效力的调解书、裁决书，应当依照规定的期限履行。一方当事人逾期不履行的，另一方当事人可以依照民事诉讼法的有关规定向人民法院申请执行。受理申请的人民法院应当依法执行。

# 第四章　附　则

**第五十二条** 事业单位实行聘用制的工作人员与本单位发生劳动争议的，依照本法执行；法律、行政法规或者国务院另有规定的，依照其规定。

**第五十三条** 劳动争议仲裁不收费。劳动争议仲裁委员会的经费由财政予以保障。

**第五十四条** 本法自 2008 年 5 月 1 日起施行。

# 附　录

## 关于做好《劳动争议调解仲裁法》
## 贯彻实施工作的通知

劳社部发〔2008〕4号

各省、自治区、直辖市劳动和社会保障厅（局）：

《中华人民共和国劳动争议调解仲裁法》（以下简称《劳动争议调解仲裁法》）已经第十届全国人民代表大会常务委员会第三十一次会议审议通过，将于2008年5月1日起施行。为贯彻落实《劳动争议调解仲裁法》，切实维护劳动关系双方合法权益，促进劳动关系和谐稳定，现就有关事项通知如下：

一、充分认识做好《劳动争议调解仲裁法》贯彻实施工作的重要性

《劳动争议调解仲裁法》是劳动保障领域继《劳动合同法》、《就业促进法》之后的又一部重要法律，是我国劳动保障法律体系的重要组成部分。这部法律的颁布施行，对完善劳动争议调解仲裁制度，公正及时解决劳动争议，维护劳动争议当事人特别是劳动者的合法权益，都将起到十分重要的作用，有利于发展和谐稳定的劳动关系，促进社会主义和谐社会建设。各级劳动保障部门要从深入贯彻落实科学发展观和构建和谐社会的高度，充分认识贯彻实施《劳动争议调解仲裁法》的重要性和紧迫性，采取切实可行的措施，认真抓好这部重要法律的学习、宣传和贯彻工作。

二、深入开展学习培训和宣传工作

深入开展《劳动争议调解仲裁法》的学习培训和宣传工作，是这

部法律得以顺利贯彻实施的基础。各级劳动保障部门要高度重视搞好这部法律的学习培训工作，通过举办专题培训班、研讨会等方式，有计划、有步骤组织劳动保障部门、劳动争议仲裁机构和劳动争议调解组织的负责同志以及相关工作人员，特别是劳动争议调解员和仲裁员，认真学习《劳动争议调解仲裁法》，深刻领会法律的精神实质，准确理解法律条款内容，熟悉劳动争议处理程序，切实提高劳动争议处理工作的能力和水平。

要大力加强《劳动争议调解仲裁法》的宣传工作，努力营造法律实施的良好舆论氛围。会同工会、企业组织充分利用各种媒体，广泛深入宣传劳动争议处理法律知识，使广大用人单位和劳动者正确理解这部法律的立法目的、基本精神和主要内容，增强依法维护自身合法权益的观念和意识，引导劳动争议双方当事人通过法定渠道反映诉求，提倡通过协商和调解解决劳动纠纷。

三、抓紧完善相关配套法规和政策

《劳动争议调解仲裁法》在总结实际工作经验的基础上，改进了劳动争议处理方式和程序，加强了劳动争议调解工作，完善了劳动争议仲裁制度。为确保这部法律顺利实施，我部将依法对劳动争议仲裁规则等规章进行修订。各级劳动保障部门要认真做好对现行相关法规、规章和规范性文件的清理工作，搞好现行政策、制度与《劳动争议调解仲裁法》的衔接，抓紧依法完善劳动争议处理各项制度。重点是要针对法律中关于劳动争议仲裁程序的新规定，特别是受案范围、争议管辖、申请时效、仲裁裁决以及办案时限等方面的新规定，抓紧完善办案规则，确保劳动争议及时、有效地得到处理。各省、自治区、直辖市劳动保障部门要将本地区清理、制定和修订配套法规政策的情况及时上报劳动保障部。

四、大力加强劳动争议处理能力建设

加强劳动争议处理能力建设是贯彻实施《劳动争议调解仲裁法》的重要保证。各地要以这部法律的颁布施行为契机，依法进一步加强劳动争议调解和仲裁工作，积极推进机构和队伍建设，切实提高劳动争议处理能力。

要在稳定现有的劳动争议仲裁机构的基础上，按照法律规定的统筹规划、合理布局和适应实际需要的原则，加强劳动争议仲裁委员会建设。进一步加大劳动争议仲裁委员会办事机构实体化建设的力度，积极争取当地党委、政府的重视及有关部门的支持，解决好办事机构和人员编制问题，根据劳动争议案件的数量及发展趋势，合理配备办案人员，并将所需经费列入同级财政预算，确保新法实施后劳动争议仲裁工作的正常开展。

要会同工会、企业组织积极采取措施，进一步加强劳动争议调解体系建设，依法完善企业劳动争议调解委员会组织机构和调解制度，依托协调劳动关系三方机制平台，逐步在乡镇、街道建立区域性的劳动争议调解组织，建立完善多渠道、多层次的劳动争议调解服务网络，更好地发挥调解在化解劳动纠纷方面的第一道防线的作用。

要切实加强劳动争议处理队伍建设，研究制定调解员、仲裁员培训工作规划，大力开展有针对性的培训工作，不断提高调解员、仲裁员的思想道德素质和业务能力。各地新增调解员、仲裁员，要严格按照法律规定的条件选配。要积极探索建立仲裁员职业资格等级制度，逐步实现仲裁员队伍职业化、专业化。

五、切实加强组织领导

劳动争议处理工作涉及当事人特别是劳动者的切身利益，事关改革、发展和社会稳定，各级劳动保障部门要从全局和政治的高度，切实加强贯彻实施《劳动争议调解仲裁法》的组织领导，实行主要领导负责制，分管领导具体抓。要结合本地实际研究制定具体实施方案，明确目标任务、工作责任和工作措施，认真抓好落实，确保新旧制度平稳过渡，确保人员队伍稳定。要认真研究制定本地区劳动争议调解和仲裁工作发展规划，加强工作指导、督促和检查，及时总结推广典型经验。要针对当前劳动关系的新情况、新特点，主动分析劳动争议处理工作面临的形势，增强工作的预见性，指导调解组织和劳动争议仲裁委员会积极稳妥地解决劳动争议。要进一步发挥协调劳动关系三方机制的作用，会同工会、企业组织等有关方面形成合力，共同做好《劳动争议调解仲裁法》的贯彻实施工作。

劳动和社会保障部

二〇〇八年一月十八日

# 优化失业保险经办业务流程指南

劳动和社会保障部办公厅关于印发优化
失业保险经办业务流程指南的通知
劳社厅发〔2006〕第 24 号

各省、自治区、直辖市劳动和社会保障厅（局）：

近年来，各地贯彻落实《失业保险条例》及相关规定，对失业保险业务流程加以规范，经办工作逐步走入科学管理轨道，管理服务水平有所提高，对发挥失业保险功能、加强制度建设起到了积极作用。目前，随着新一轮积极就业政策的实施，失业保险工作面临着一些新情况、新任务，对管理服务提出了更高的要求。面对新的形势，需要进一步提升失业保险管理服务水平。国务院《关于进一步加强就业再就业工作的通知》（国发〔2005〕36 号）明确提出"围绕就业工作的主要任务和服务对象的需要，优化业务流程，逐步实现就业服务和失业保险业务的全程信息化。"为此，我们在总结一些地区经验的基础上，结合失业保险工作今后的发展，制定了《优化失业保险经办业务流程指南》，印发给你们，供各地在优化本地失业保险经办业务流程时参考。

劳动和社会保障部办公厅
二〇〇六年九月十一日

## 第一章 总 则

一、为加强失业保险业务管理，进一步优化失业保险经办业务流程，根据《失业保险条例》及有关法规规章，制定本指南。

二、劳动保障部门经办失业保险业务的机构（以下简称经办机构）适用本指南。

三、失业保险经办业务分为失业保险登记管理、失业保险费征收、缴费记录、待遇审核与支付、财务管理、稽核监督等。

## 第二章　失业保险登记管理

失业保险登记管理包括参保登记、变更登记、注销登记和登记证件管理等。

由税务机关征收失业保险费的地区，经办机构应当按月向税务机关提供参保单位失业保险参保登记、变更登记及注销登记情况。

### 第一节　参保登记

一、经办机构为依法申报参加失业保险的单位办理参加失业保险登记手续，要求其填写《社会保险登记表》（表2-1），并出示以下证件和资料：

（一）营业执照、批准成立证件或其他核准执业证件；

（二）国家质量技术监督部门颁发的组织机构统一代码证书；

（三）经办机构规定的其他有关证件和资料。

已经参加养老、医疗等社会保险的，参保单位只提交社会保险登记证，填写《社会保险登记表》及《参加失业保险人员情况表》（表2-2）。

二、经办机构对参保单位填报的《社会保险登记表》、《参加失业保险人员情况表》及相关证件和资料即时受理，并在自受理之日起10个工作日内审核完毕。

审核通过的，经办机构应为参保单位及其职工个人建立基本信息，并将有关资料归档。已参加养老、医疗等社会保险的，在其社会保险登记证上标注失业保险项目。首次参加社会保险的，发给社会保险登记证。

未通过审核的，经办机构应向申报单位说明原因。

### 第二节　变更登记

一、参保单位在以下社会保险登记事项之一发生变更时，应依法向原经办机构申请办理变更登记：

（一）单位名称；

（二）住所或地址；

（三）法定代表人或负责人；

（四）单位类型；

（五）组织机构统一代码；

（六）主管部门；

（七）隶属关系；

（八）开户银行账号；

（九）经办机构规定的其他事项。

二、申请变更登记单位应按规定提供以下相关证件和资料：

（一）变更社会保险登记申请书；

（二）工商变更登记表和工商执照或有关机关批准或宣布变更证明；

（三）社会保险登记证；

（四）经办机构规定的其他资料。

三、申请变更登记单位提交资料齐全的，经办机构发给《社会保险变更登记表》（表2-3），并由申请变更登记单位依法如实填写，经办机构进行审核后，归入参保单位社会保险登记档案。

社会保险变更登记的内容涉及社会保险登记证件的内容需作变更的，经办机构收回原社会保险登记证，并按更改后的内容重新核发社会保险登记证。

### 第三节 注销登记

一、参保单位发生以下情形之一时，经办机构为其办理注销登记手续：

（一）参保单位发生解散、破产、撤销、合并以及其他情形，依法终止缴费义务；

（二）参保单位营业执照注销或被吊销；

（三）单位因住所变动或生产、经营地址变动而涉及改变登记机构；

（四）国家法律、法规规定的其他情形。

二、参保单位在办理注销社会保险登记前，应当结清应缴纳的失业保险费、滞纳金和罚款，并填写《社会保险注销登记表》（表2-4），提交相关法律文书或其他有关注销文件。经办机构予以核准，办理社会保险注销登记手续，并缴销社会保险登记证件。

三、经办机构办理注销登记手续后，在信息系统内进行标注，并封存其参保信息及有关档案资料。

## 第四节　登记证件管理

经办机构对已核发的社会保险登记证件，实行定期验证和换证制度，按规定为参保单位办理验证或换证手续。

一、经办机构定期进行失业保险登记验证，参保单位应在规定时间内填报《社会保险验证登记表》（表2-5），并提供以下证件和资料：

（一）社会保险登记证；

（二）营业执照、批准成立证件或其他核准执业证件；

（三）组织机构统一代码证书；

（四）经办机构规定的其他证件和资料。

二、经办机构对参保单位提供的证件和资料进行审核，审核的主要内容包括：

（一）办理社会保险登记、变更登记、上年度验证等情况；

（二）参保人数增减变化情况；

（三）申报缴费工资、缴纳失业保险费情况；

（四）经办机构规定的其他内容。

三、审核通过的，经办机构在信息系统内进行标注，并在社会保险登记证上加注核验标记或印章，期满时予以换证。社会保险登记证由参保单位保管。

四、参保单位如果遗失社会保险登记证件，应及时向原办理社会保险登记的经办机构报告，并按规定申请补办。经办机构应及时受理，并按相关规定程序补发社会保险登记证。

# 第三章　失业保险费征收

失业保险费征收包括缴费申报受理、缴费核定、费用征收与收缴欠费等。

失业保险费由税务机关征收的地区，经办机构应与税务机关建立信息沟通机制，并将税务机关提供的缴费信息及时记录。

## 第一节　申报受理

一、参保单位按规定定期办理缴费申报，经办机构予以受理。参保单位需填报《社会保险费申报表》（表 3-1），并提供失业保险费代扣代缴明细表、劳动工资统计月（年）报表及经办机构规定的其他相关资料。

二、参保单位人员发生变化时，应按规定及时到经办机构进行人员变动缴费申报，填报《参保单位职工人数增减情况申报表》（表 3-2），并提供相关证明和资料，办理缴费申报手续，经办机构予以受理。

三、实行社会保险费统一征收的地区，应当建立各项社会保险缴费申报的联动机制。经办机构在受理参保单位申报缴纳基本养老保险费、基本医疗保险费的同时，应当要求其必须申报缴纳失业保险费，并为其办理失业保险费缴费申报手续。

未实行社会保险费统一征收的地区，应积极创造条件，逐步实现统一征收，以提高工作效率，简化缴费申报手续，减少缴费申报环节。

## 第二节　缴费核定

一、经办机构审核参保单位填报的《社会保险费申报表》（表 3-1）及有关资料，确定单位缴费金额和个人缴费金额。在审核缴费基数时，可根据参保单位性质与其申报基本养老保险、基本医疗保险的缴费基数相对照。审核通过后，在《社会保险费申报表》相应栏目内盖章，并由经办机构留存。

二、对未按规定申报的参保单位，经办机构暂按其上年（月）缴费数额的110%确定应缴数额；没有上年（月）缴费数额的，经办机构可暂按该单位的经营状况、职工人数等有关情况确定应缴数额。参保单位补办申报手续并按核定数额缴纳失业保险费后，经办机构再按规定进行结算。

三、办理参保人员增减变动缴费申报的，经办机构根据参保单位申报参保人员变动情况，核定其当期缴费基数和应征数额，同时办理其他相关手续，并为新增参保人员记录相关信息。

四、经办机构根据缴费核定结果，形成《失业保险缴费核定汇总表》（表3-3），并以此作为征收失业保险费的依据。

五、由税务机关征收失业保险费的地区，经办机构应将参保单位申报缴费的审核结果制成《失业保险费核定征收计划表》（表3-4）提供给税务机关。

## 第三节　费用征收

一、经办机构应以《失业保险缴费核定汇总表》作为征收失业保险费的依据。采取委托收款方式的，开具委托收款书，送"收入户存款"开户银行；采取其他方式征收的，以支票或其他方式实施收款。经办机构依据实际到账情况入账，开具基金专用收款凭证，并及时记录单位和个人缴费情况。

二、对中断或终止缴费的人员，经办机构应记录中断或终止缴费的日期、原因等信息，并办理相关手续。

三、由税务机关征收失业保险费的地区，经办机构要与税务机关建立信息沟通机制。经办机构按月向税务机关提供核定的参保单位和参保个人的应缴费数额及其他相关情况，并根据税务机关提供失业保险费的到账信息，做入账处理。

## 第四节　收缴欠费

一、参保单位办理申报后未及时缴纳失业保险费的，经办机构应向其发出《失业保险费催缴通知书》（表3-5），通知其在规定时间内补缴欠费。对拒不执行的，提请劳动保障行政部门要求参保单位限期改正；对逾期仍不缴纳的，除要求补缴欠缴数额外，从欠缴之日起，按规定加收滞纳金。收缴的滞纳金并入失业保险基金。

二、对因筹资困难，无法一次足额缴清欠费的企业，经办机构与其签定补缴协议。如欠费企业发生被兼并、分立等情况时，按下列方法签订补缴协议：

（一）欠费企业被兼并的，与兼并方签订补缴协议；

（二）欠费企业分立的，与分立各方分别签订补缴协议；

（三）欠费企业被拍卖、出售或实行租赁的，应在拍卖、出售、租赁协议或合同中明确补缴欠费的办法，并签订补缴协议。

三、破产的企业，其欠费按有关规定，在资产变现收入中予以清偿；无法完全清偿欠费的部分，经经办机构提出，劳动保障部门审核，财政部门复核，报当地人民政府批准后可以核销。

四、失业保险费由税务机关征收的地区，经办机构根据税务机关提供的参保单位失业保险费欠费变动情况，及时调整其欠费数据信息。

五、经办机构根据税务机关提供的补缴欠费到账信息和劳动保障行政部门提供的核销处理信息，编制参保单位缴费台账，调整参保单位或个人欠费信息。

## 第四章 缴费记录

缴费记录包括建立记录、转出记录、转入记录、停保和续保记录及缴费记录查询等。

### 第一节 建立记录

一、经办机构负责建立参保单位及其职工个人基本信息及缴费信息。实行社会保险费统一征收的地区，经办机构应对参保单位及其职工个人缴纳的社会保险费根据规定的各险种费率按比例进行分账，并根据失业保险费的缴纳情况进行详细、完整的记录。

二、失业保险费由税务机关征收的地区，经办机构根据税务机关提供的参保单位及其职工个人缴费信息为其建立缴费记录。经办机构应与税务机关建立定期对账制度。

三、缴费记录的主要内容

（一）参保单位记录的主要内容包括：单位编码、单位类型、单位名称、法定代表人或负责人、单位性质、组织机构统一代码、主管部门、所属行业、所属地区、开户银行账号、职工人数、工资总额、参保时间、缴费起始时间、缴费终止时间、单位应缴金额、个人应缴金额、单位实缴金额、个人实缴金额、单位欠费金额、单位欠费时间、个人欠费金额、个人欠费时间等。

（二）个人缴费记录的基本内容包括：单位编码、单位类型、单位名称、姓名、性别、出生年月、社会保障号码（或居民身份证号码）、民族、户口所在地、用工形式、参加失业保险时间、个人缴费起始时间、缴费终止时间、缴费年限（视同缴费年限、累计缴费年限）、个人应缴金额、个人实缴金额、个人欠费金额、个人欠费时间等。

### 第二节　转出记录

一、参保单位成建制跨统筹地区转移或职工个人在职期间跨统筹地区转换工作单位的，经办机构负责为其办理失业保险关系转迁手续。

二、参保单位成建制跨统筹地区转移的，转出地经办机构向转入地经办机构出具《参保单位失业保险关系转迁证明》（表4-1），并提供转迁参保单位及其职工个人的相关信息资料。

三、参保职工个人在职期间跨统筹地区转换工作单位的，转出地经办机构向转入地经办机构出具《参保人员失业保险关系转迁证明》（表4-2），并提供转迁职工个人相关信息资料。

### 第三节　转入记录

经办机构应及时为转入的参保单位及其职工个人接续失业保险关系。

一、转入地经办机构根据转入的参保单位的相关信息为该单位及其职工个人建立缴费记录。

二、城镇企业事业单位成建制跨统筹地区转移的，转入地经办机构根据转入单位提供的《参保单位失业保险关系转迁证明》、单位基本信息及缴费信息资料记录转入参保单位及其职工个人的基本信息和缴费情况。

三、参保职工个人在职期间跨统筹地区转换工作单位的，转入地经办机构根据转入职工个人提供的《参保人员失业保险关系转迁证明》、个人基本信息及缴费信息资料，记录转入职工个人的基本信息和缴费情况。

四、职工由机关进入企业或事业单位工作的，从工资发放之月起，所在参保单位应为其申报缴纳失业保险费。经办机构应按规定为职工个人核定视同缴费年限，建立缴费记录。

### 第四节　停保和续保记录

一、参保人员因出国（境）定居、退休、死亡等原因中断或终止缴费，经办机构根据变动信息，及时确认个人缴费记录，并将个人缴费记录予以注销或封存。

二、参保人员中断缴费后又续缴的，经办机构根据其所在单位提供的参保人员增加信息，并在确认以前其个人缴费记录信息后，继续进行个人缴费记录。

### 第五节　缴费记录查询

一、经办机构通过设立服务窗口、咨询电话等方式负责向参保单位及其职工个人提供缴费情况的查询服务。参保单位或职工个人对查询结果提出异议的，应根据参保单位和职工个人提供的有关资料予以复核，如需调整的，报经办机构负责人批准后予以修改，并保留调整前的记录。同时，将复核结果通知查询单位或职工个人。

二、经办机构应于缴费年度初向社会公布上一年度参保单位的缴费情况。经办机构应至少每年一次将个人缴费记录信息反馈给职工个人，以接受参保人员监督。

## 第五章　待遇审核与支付

待遇审核与支付包括失业保险金等待遇审核与支付、职业培训和职业介绍补贴审核与支付、农民合同制工人一次性生活补助审核与支付、失业人员失业保险关系转迁后的待遇审核与支付，以及待遇支付记录等。

## 第一节　失业保险金等待遇审核与支付

一、失业保险金审核与支付

（一）失业人员失业前所在单位，应将失业人员的名单自终止或解除劳动合同之日起 7 日内报经办机构备案，并按要求提供有关终止或解除劳动合同、参加失业保险及缴费情况等材料。

（二）失业人员应在终止或解除劳动合同之日起 60 日内到经办机构按规定办理申领失业保险金手续。失业人员申领失业保险金应填写《失业保险金申领表》（表 5-1），并出示以下证明材料：

1. 本人身份证明；

2. 所在单位出具的终止或解除劳动合同的证明；

3. 失业登记及求职证明；

4. 经办机构规定的其他材料。

（三）经办机构自受理失业人员领取失业保险金申请之日起 10 日内，对申领者的资格进行审核认定。对审核符合领取失业保险金条件的，按规定计算申领者领取失业保险金的数额和期限，在《失业保险金申领表》上填写审核意见和核定金额，并建立失业保险金领取台账，同时将审核结果告知失业人员，发给领取失业保险待遇证件。对审核不符合领取失业保险金条件的，也应告知失业人员，并说明原因。

（四）失业保险金应按月发放，由经办机构开具单证，失业人员凭单证到指定银行领取。

失业人员领取失业保险金，经办机构应要求本人按月办理领取手续，同时向经办机构如实说明求职和接受职业指导和职业培训情况。

对领取失业保险金期限即将届满的失业人员，经办机构应提前一个月告知本人。

失业人员在领取失业保险金期间，发生《失业保险条例》第十五条规定情形之一的，经办机构有权即行停止发放失业保险金、支付其他失业保险待遇。

二、医疗补助金审核与支付

失业人员在领取失业保险金期间，可以按照规定向经办机构申领医疗补助金。

经办机构对失业人员按规定提供的相关资料进行审核，确认享受医疗补助金的资格及医疗补助金数额，并按规定计发。

三、丧葬补助金和抚恤金审核与支付

（一）对失业人员在领取失业保险金期间死亡的，参照当地对在职职工的规定，对其家属发放一次性丧葬补助金和抚恤金。

（二）经办机构对死亡失业人员的家属提出享受丧葬补助金和抚恤金的申请予以办理，并要求其出示下列相关材料：

1. 失业人员死亡证明；

2. 失业人员身份证明；

3. 与失业人员的关系证明；

4. 经办机构规定的其他材料。

（三）经办机构对上述材料审核无误后按规定确定补助标准，并据此开具补助金和抚恤金单证，一次性计发。

## 第二节　职业培训和职业介绍补贴审核与支付

一、劳动保障部门认定的再就业培训或创业培训定点机构按相关规定对失业人员开展职业培训后，由培训机构提出申请，并提供培训方案、教学计划、失业证件复印件、培训合格失业人员花名册等相关材料。经办机构进行审核后，按规定向培训机构拨付职业培训补贴。

二、劳动保障部门认定的职业介绍机构按相关规定对失业人员开展免费职业介绍后，由职业介绍机构提出申请，并提供失业人员求职登记记录、失业证件复印件、用人单位劳动合同复印件、介绍就业人员花名册等相关材料。经办机构进行审核后，按规定向职业介绍机构拨付职业介绍补贴。

三、失业人员在领取失业保险金期间参加职业培训的，可以按规定申领职业培训补贴。失业人员应提供经经办机构批准的本人参加职业培训的申请报告、培训机构颁发的结（毕）业证明和本人支付培训费用的有效票据。经办机构进行审核后，按规定计算应予报销的数额，予以报销。

## 第三节　农民合同制工人一次性
## 生活补助审核与支付

一、参保单位招用的农民合同制工人终止或解除劳动关系后申领一次性生活补助时，经办机构应要求其填写一次性生活补助金申领核定表，并提供以下证件和资料：

（一）本人居民身份证件；

（二）与参保单位签定的劳动合同；

（三）参保单位出具的终止或解除劳动合同证明；

（四）经办机构规定的其他证件和资料。

二、经办机构根据提供的资料，以及参保单位缴费情况记录进行审核。经确认后，按规定支付一次性生活补助。

## 第四节　失业人员失业保险关系
## 转迁后的待遇审核与支付

一、领取失业保险金的失业人员跨统筹地区流动的，转出地经办机构审核通过后，应及时为其办理失业保险关系转迁手续，开具《失业人员失业保险关系转迁证明》（表5-2）及其他相关证明材料交失业人员本人。其中，失业人员跨省、自治区、直辖市流动的，转出地经办机构还应按规定将失业保险金、医疗补助金和职业培训、职业介绍补贴等失业保险费用随失业保险关系相应划转。失业人员失业保险关系在省、自治区范围内跨统筹地区流动的，失业保险费用的处理由省级劳动保障行政部门规定。

二、转入地经办机构对失业人员提供的《失业人员失业保险关系转迁证明》等其他相关证明材料进行审核，并按规定支付失业保险待遇。

## 第五节　待遇支付记录

经办机构在支付失业保险金、医疗补助金、丧葬补助金和抚恤金、职业培训和职业介绍补贴，以及一次性生活补助后，应将支付的相关信息作相应记录。

# 第六章　财务管理

失业保险基金实行收支两条线管理，会计核算采用收付实现制。财务管理包括收入、支出、会计核算、预算、决算等。

经办机构应定期与税务机关、财政部门和银行对账。对账有差异的，须逐笔查清原因，予以调节，做到账账、账款、账实相符。

## 第一节　收　入

一、经办机构对失业保险基金收入、上级补助收入、下级上解收入、转移收入等到账信息予以确认，并按规定进行相应记录。

二、经办机构应按规定将收入户存款于每月月末全部转入财政专户。

三、对参保单位或职工个人在本省（自治区、直辖市）范围内成建制跨统筹地区转移或转换工作单位、按规定需要转移失业保险费的，对失业人员在领取失业保险金期间跨省（自治区、直辖市）流动的，经办机构根据失业保险费（费用）到账情况进行相应记录。

## 第二节　支　出

一、经办机构根据失业保险基金支出计划，按月填写用款申请书，并注明支出项目，加盖本单位用款专用章，在规定时间内报送同级财政部门审核，并确认财政专户拨入支出户资金的到账情况。

二、经办机构对失业保险待遇支出核定汇总表等资料进行复核，复核无误后，将款项从支出户予以拨付。

三、参保单位或职工个人在本省（自治区、直辖市）范围内成建制跨统筹地区转移或转换工作单位、按规定需要转移失业保险费的，失业人员跨省（自治区、直辖市）流动的，经办机构根据《参保单位失业保险关系转迁证明》、《失业人员失业保险关系转迁证明》及相关材料，与转入地经办机构确认开户行、账号、机构名称后，从支出户支付有关失业保险费（费用）。

四、对转移支出、补助下级支出、上解上级支出等款项，经办机构根据有关规定或计划从支出户拨付。

## 第三节　会计核算

一、经办机构根据基金收入情况，及时填制收入记账凭证。

（一）经办机构征收的失业保险费收入，根据银行出具的原始凭证、失业保险基金专用收款收据、《失业保险缴费核定汇总表》（表3-6）等，填制记账凭证。

税务机关征收的失业保险费收入，以财政部门出具的财政专户缴拨凭证或税务机关出具的税收通用缴款书或税收完税凭证等作为原始凭证，并根据税务机关提供的失业保险费实缴清单，填制记账凭证。

（二）"收入户存款"、"支出户存款"、"财政专户存款"、"债券投资"形成的利息，根据银行出具的原始凭证和财政部门出具的财政专户缴拨凭证及加盖专用印章的原始凭证复印件，填制记账凭证。

（三）划入财政专户的财政补贴收入，根据财政部门出具的财政专户缴拨凭证及加盖专用印章的原始凭证复印件，填制记账凭证。

（四）划入收入户或财政专户的转移收入，根据银行出具的原始凭证或财政部门出具的财政专户缴拨凭证等，填制记账凭证，同时登记备查。

（五）上级补助收入和下级上解收入，根据银行出具的原始凭证或财政部门出具的财政专户缴拨凭证等，填制记账凭证。

（六）滞纳金等其他收入，根据银行出具的原始凭证或财政部门出具的财政专户缴拨凭证等，填制记账凭证。

二、对发生的每笔基金支出，经办机构应按规定及时填制支出记账凭证。

（一）失业保险金、医疗补助金、丧葬抚恤补助、职业培训和职业介绍补贴、其他费用等项支出，根据转账支票存根和银行出具的原始凭证及相关发放资料等，填制记账凭证。基本生活保障补助支出，以财政部门出具的财政专户缴拨凭证填制记账凭证。

（二）转移支出，根据银行出具的原始凭证和《参保单位失业保险关系转迁证明》、《失业人员失业保险关系转迁证明》等，填制记账凭证。

（三）补助下级支出和上解上级支出，以银行出具的原始凭证或财政部门出具的财政专户缴拨凭证等，填制记账凭证。

（四）经财政部门核准开支的其他非失业保险待遇性质的支出（如临时借款利息等）在"其他支出"科目核算，从支出户或财政专户划转。经办机构以银行出具的原始凭证或财政部门出具的财政专户缴拨凭证等，填制记账凭证。

三、按规定用结余基金购买的国家债券或转存定期存款，经办机构以财政部门出具的财政专户缴拨凭证和加盖专用印章的原始凭证复印件填制记账凭证。

四、经办机构根据收付款凭证登记"现金日记账"、"收入户存款日记账"、"支出户存款日记账"和"财政专户存款日记账"。按科目分类汇总记账凭证，制作科目汇总表，登记总分类账。

五、经办机构应定期将"收入户存款日记账"、"支出户存款日记账"与"银行对账单"核对，将"财政专户存款日记账"与财政部门对账单核对。每月终了，收入户存款账面结余、支出户存款账面结余与银行对账单余额之间如有差额，财政专户失业保险基金存款账面结余与财政部门对账单余额之间如有差额，经办机构应按月编制银行收入户存款、银行支出户存款、财政专户存款余额调节表，调节相符。

六、经办机构根据总分类账、明细分类账等，定期编制会计报表。

### 第四节　预　算

一、年度终了前，经办机构根据本年度基金预算执行情况和下年度基金收支预测，编制下年度基金预算草案，按程序报批。

二、经办机构根据批准的预算，填制预算报表，并根据基金收支情况，定期报告预算执行情况。

三、因特殊情况需要调整预算时，经办机构应编制预算调整方案，按程序报批。

## 第五节 决 算

一、经办机构根据决算编制工作要求，于年度终了前核对各项收支，清理往来款项，同开户银行、财政专户、国库对账，并进行年终结账。

二、年度终了后，经办机构根据决算编制工作要求，编制资产负债表、基金收支表、有关附表以及财务情况说明书，对重要指标进行财务分析，形成年度基金财务报告，并按程序报批。

# 第七章 稽核监督

## 第一节 稽 核

一、经办机构按照年度工作计划采取以下方式确定被稽核单位：

（一）根据参保单位的参保缴费信息异常情况确定；

（二）根据对参保单位参保缴费情况的举报确定；

（三）从数据库中随机抽取；

（四）根据有关规定确定；

（五）根据其他有关情况确定。

二、经办机构向被稽核单位发出《社会保险稽核通知书》（表7-1），进行实地稽核或书面稽核。稽核内容包括：

（一）核查参保单位申报的缴费人数、缴费基数是否符合国家规定；

（二）核查参保单位及其职工个人是否按时足额缴纳失业保险费；

（三）核查欠缴失业保险费的参保单位及其职工个人是否足额补缴欠费；

（四）国家规定的或者劳动保障行政部门交办的其他稽核事项。

三、经办机构根据稽核情况填写《社会保险稽核工作记录表》（表7-2），全面记录稽核中发现的问题及所涉及的凭证等资料。

四、对于经稽核未发现违反法规行为的被稽核单位，经办机构应当在稽核结束后5个工作日内书面告知其稽核结果。

五、发现被稽核单位在参加失业保险、缴纳失业保险费方面，存在违反法规行为，经办机构要据实填写《社会保险稽核整改意见书》（表7-3），并在稽核结束后10个工作日内送达被稽核单位限期予以改正。

六、对被稽核单位在规定时间内不按照《社会保险稽核整改意见书》予以整改、也未提出复查申请的，经办机构下达《失业保险费催缴通知书》。对拒不执行的，填制《社会保险稽核提请行政处罚建议书》（表7-4），送请劳动保障行政部门予以处罚。

七、经办机构应当对失业人员享受失业保险待遇情况进行核查，发现失业人员丧失享受待遇资格后继续享受待遇或以其他形式骗取待遇的，经办机构应当立即停止待遇的支付并责令退还；拒不退还的，由劳动保障行政部门依法处理。

### 第二节　内部监督

一、稽核监督单位依据拟订的工作计划、群众举报等确定内审对象，按程序报批。

二、工作计划批准后组织实施。内审内容主要包括：

（一）抽查参保单位申报缴费的有关原始资料，验证对参保单位申报缴费人数、缴费基数的审核是否真实；

（二）抽查参保单位及个人缴费情况，验证是否按核定基数征收、个人缴费记录是否准确；

（三）抽查对失业人员享受失业保险待遇资格审核的有关材料，验证审核是否按规定办理；

（四）抽查失业人员享受失业保险待遇有关材料，验证是否按规定支付待遇；

（五）抽查失业保险基金收入、支出账目凭证，验证基金收入、支出是否符合规定；

（六）依据有关规定，需内部监督的其他内容。

三、经办机构对检查中发现的问题进行整改。

### 第八章　附　则

一、参保单位和个人填写的原始表格，需经办机构有关人员签字或签章，并注明经办日期；经办机构内部或相互之间传递信息的表格，在转出、转入时须认真复核，确保无误，有关人员均需签字盖章。

二、经办机构应按有关规定对档案资料进行分类整理，确定密级，妥善保管，并做好电子文档的备份工作。

三、经办机构要加强和规范票据管理，按照规定进行票据的印刷、填写、整理、保管、销毁等工作。

四、各地可参考本指南优化本地区业务流程。

# 关于失业保险支持企业稳定岗位有关问题的通知

人社部发〔2014〕76号

各省、自治区、直辖市及新疆生产建设兵团人力资源社会保障厅（局）、财政厅（局）、发展改革委、工业和信息化主管部门：

为贯彻落实《国务院关于进一步优化企业兼并重组市场环境的意见》（国发〔2014〕14号）有关要求，在调整优化产业结构中更好地发挥失业保险预防失业、促进就业作用，激励企业承担稳定就业的社会责任，现就失业保险支持企业稳定岗位有关问题通知如下：

一、政策范围

对采取有效措施不裁员、少裁员，稳定就业岗位的企业，由失业保险基金给予稳定岗位补贴（以下简称"稳岗补贴"）。补贴政策主要适用以下企业：

（一）实施兼并重组企业

指在日常经营活动之外发生法律结构或经济结构重大改变的交易，并使企业经营管理控制权发生转移，包括实施兼并、收购、合并、分立、债务重组等经济行为的企业。

（二）化解产能严重过剩企业

指按《国务院关于化解产能严重过剩矛盾的指导意见》（国发〔2013〕41号）等相关规定，对钢铁、水泥、电解铝、平板玻璃、船舶等产能严重过剩行业淘汰过剩产能的企业。

（三）淘汰落后产能企业

指按《国务院关于进一步加强淘汰落后产能工作的通知》（国发〔2010〕7号）等规定，对电力、煤炭、钢铁、水泥、有色金属、焦炭、造纸、制革、印染等行业淘汰落后产能的企业。

（四）经国务院批准的其他行业、企业。

二、基本条件

（一）失业保险统筹地区实施稳岗补贴应同时具备以下条件：上

年失业保险基金滚存结余具备一年以上支付能力；失业保险基金使用管理规范。

（二）企业申请稳岗补贴应同时具备以下条件：生产经营活动符合国家及所在区域产业结构调整政策和环保政策；依法参加失业保险并足额缴纳失业保险费；上年度未裁员或裁员率低于统筹地区城镇登记失业率；企业财务制度健全、管理运行规范。

三、资金使用

各地区对符合上述政策范围和基本条件的企业，在兼并重组、化解产能过剩以及淘汰落后产能期间，可按不超过该企业及其职工上年度实际缴纳失业保险费总额的50%给予稳岗补贴，所需资金从失业保险基金中列支。稳岗补贴主要用于职工生活补助、缴纳社会保险费、转岗培训、技能提升培训等相关支出。稳岗补贴的具体比例由省级人力资源社会保障和财政部门确定。稳岗补贴政策执行到2020年底。

四、审核认定

符合条件的企业可向人力资源社会保障部门申请稳岗补贴。人力资源社会保障部门会同行业主管部门对企业类型认定后，对申请稳岗补贴企业的基本条件进行审定，确定补贴企业名单和补贴数额，并公开相关信息，接受社会监督。财政部门根据人力资源社会保障部门审定的企业名单和补贴数额，及时拨付补贴资金。

五、组织实施

（一）加强组织领导

失业保险支持企业稳定岗位是产业结构调整优化过程中一项重要政策。各地区要高度重视，加强组织领导，人力资源社会保障、财政、发展改革、工业和信息化等部门要加强协调配合、各司其职，并督促企业在实施兼并重组、化解产能过剩、淘汰落后产能过程中采取切实有效措施稳定职工队伍，维护社会稳定。

（二）强化基金管理

各地区要充分考虑基金支付能力，按照"突出重点、总量控制、严格把握、动态监管"的原则，将稳岗补贴支出纳入失业保险基金预算管理，合理制定失业保险基金使用计划，加强监管，规范运作，切实保证基金有效使用和支付可持续。

### (三) 加强跟踪监测

各地区人力资源社会保障部门要将享受稳岗补贴的企业纳入失业动态监测范围,及时跟踪了解企业岗位变化动态,监测企业职工队伍稳定情况,评估稳岗补贴政策效果。财政部门要对辖区内失业动态监测工作给予必要经费支持。人力资源社会保障部、财政部适时组织开展政策绩效评估,根据实际调整完善政策。

各省级人力资源社会保障、财政、发展改革、工业和信息化等部门要尽快制定本地区失业保险稳岗补贴具体实施办法,报人力资源社会保障部、财政部备案。政策执行中遇到的重大问题要及时向人力资源社会保障部、财政部报告。

人力资源社会保障部

中华人民共和国财政部

国家发展和改革委员会

工业和信息化部

2014 年 11 月 6 日

# 人力资源社会保障部 财政部 总参谋部 总政治部 总后勤部关于退役军人 失业保险有关问题的通知

人社部发〔2013〕53号

各省、自治区、直辖市人力资源社会保障、财政厅（局），新疆生产建设兵团人力资源社会保障、财务局，各军区、各军兵种、总装备部、军事科学院、国防大学、国防科学技术大学、武警部队：

为贯彻落实《中华人民共和国社会保险法》和《中华人民共和国军人保险法》，维护退役军人失业保险权益，现就军人退出现役后失业保险有关问题通知如下：

一、计划分配的军队转业干部和复员的军队干部，以及安排工作和自主就业的退役士兵（以下简称退役军人）参加失业保险的，其服现役年限视同失业保险缴费年限。军人服现役年限按实际服役时间计算到月。

二、退役军人离开部队时，由所在团级以上单位后勤（联勤、保障）机关财务部门，根据其实际服役时间开具《军人服现役年限视同失业保险缴费年限证明》（以下简称《缴费年限证明》）并交给本人。

三、退役军人在城镇企业事业等用人单位就业的，由所在单位或者本人持《缴费年限证明》及军官（文职干部）转业（复员）证，或者士官（义务兵）退出现役证，到当地失业保险经办机构办理失业保险参保缴费手续。失业保险经办机构将视同缴费年限记入失业保险个人缴费记录，与入伍前和退出现役后参加失业保险的缴费年限合并计算。

四、军人入伍前已参加失业保险的，其失业保险关系不转移到军队，由原参保地失业保险经办机构保存其全部缴费记录。军人退出现役后继续参加失业保险的，按规定办理失业保险关系转移接续手续。

五、根据《关于自主择业的军队转业干部安置管理若干问题的意见》（〔2001〕国转联8号），自主择业的军队转业干部在城镇企业事业等用人单位就业后，应当依法参加失业保险并缴纳失业保险费，其服现役年限不再视同失业保险缴费年限，失业保险缴费年限从其在当地实际缴纳失业保险费之日起累计计算。

六、退役军人参保缴费满一年后失业的，按规定享受失业保险待遇。

七、本通知自 2013 年 8 月 1 日起执行。本通知执行前已退出现役的军人，其失业保险按原有规定执行。

八、本通知由人力资源社会保障部、总后勤部负责解释。

人力资源社会保障部

中华人民共和国财政部

总参谋部　总政治部　总后勤部

2013 年 7 月 30 日

全国普法学习读本
★ ★ ★ ★ ★

劳动就业法律法规学习读本

# 劳动合同法律法规

魏光朴　主编

汕头大学出版社

## 图书在版编目（CIP）数据

劳动合同法律法规／魏光朴主编 . -- 汕头：汕头
大学出版社，2023.4（重印）
（劳动就业法律法规学习读本）
ISBN 978-7-5658-3210-9

Ⅰ . ①劳… Ⅱ . ①魏… Ⅲ . ①劳动合同-合同法-中
国-学习参考资料 Ⅳ . ①D922.524

中国版本图书馆 CIP 数据核字（2017）第 254867 号

**劳动合同法律法规**　　　　LAODONG HETONG FALÜ FAGUI

主　　编：魏光朴
责任编辑：邹　峰
责任技编：黄东生
封面设计：大华义苑
出版发行：汕头大学出版社
　　　　　广东省汕头市大学路 243 号汕头大学校园内　　邮政编码：515063
电　　话：0754-82904613
印　　刷：三河市元兴印务有限公司
开　　本：690mm×960mm 1/16
印　　张：18
字　　数：226 千字
版　　次：2017 年 10 月第 1 版
印　　次：2023 年 4 月第 2 次印刷
定　　价：59.60 元（全 2 册）
ISBN 978-7-5658-3210-9

# 前　言

习近平总书记指出："推进全民守法，必须着力增强全民法治观念。要坚持把全民普法和守法作为依法治国的长期基础性工作，采取有力措施加强法制宣传教育。要坚持法治教育从娃娃抓起，把法治教育纳入国民教育体系和精神文明创建内容，由易到难、循序渐进不断增强青少年的规则意识。要健全公民和组织守法信用记录，完善守法诚信褒奖机制和违法失信行为惩戒机制，形成守法光荣、违法可耻的社会氛围，使遵法守法成为全体人民共同追求和自觉行动。"

中共中央、国务院曾经转发了中央宣传部、司法部关于在公民中开展法治宣传教育的规划，并发出通知，要求各地区各部门结合实际认真贯彻执行。通知指出，全民普法和守法是依法治国的长期基础性工作。深入开展法治宣传教育，是全面建成小康社会和新农村的重要保障。

普法规划指出：各地区各部门要根据实际需要，从不同群体的特点出发，因地制宜开展有特色的法治宣传教育坚持集中法治宣传教育与经常性法治宣传教育相结合，深化法律进机关、进乡村、进社区、进学校、进企业、进单位的"法律六进"主题活动，完善工作标准，建立长效机制。

特别是农业、农村和农民问题，始终是关系党和人民事业发展的全局性和根本性问题。党中央、国务院发布的《关于推进社会主义新农村建设的若干意见》中明确提出要"加强农村法制建设，深入开展农村普法教育，增强农民的法制观念，提高农民依法行使权利和履行义务的自觉性。"多年普法实践证明，普及法律知识，提高法制观念，增强全社会依法办事意识具有重要作用。特别是在广大农村进行普法教育，是提高全民法律素质的需要。

多年来，我国在农村实行的改革开放取得了极大成功，农村发生了翻天覆地的变化，广大农民生活水平大大得到了提高。但是，由于历史和社会等原因，现阶段我国一些地区农民文化素质还不高，不学法、不懂法、不守法现象虽然较原来有所改变，但仍有相当一部分群众的法制观念仍很淡化，不懂、不愿借助法律来保护自身权益，这就极易受到不法的侵害，或极易进行违法犯罪活动，严重阻碍了全面建成小康社会和新农村步伐。

为此，根据党和政府的指示精神以及普法规划，特别是根据广大农村农民的现状，在有关部门和专家的指导下，特别编辑了这套《全国普法学习读本》。主要包括了广大人民群众应知应懂、实际实用的法律法规。为了辅导学习，附录还收入了相应法律法规的条例准则、实施细则、解读解答、案例分析等；同时为了突出法律法规的实际实用特点，兼顾地方性和特殊性，附录还收入了部分某些地方性法律法规以及非法律法规的政策文件、管理制度、应用表格等内容，拓展了本书的知识范围，使法律法规更"接地气"，便于读者学习掌握和实际应用。

在众多法律法规中，我们通过甄别，淘汰了废止的，精选了最新的、权威的和全面的。但有部分法律法规有些条款不适应当下情况了，却没有颁布新的，我们又不能擅自改动，只得保留原有条款，但附录却有相应的补充修改意见或通知等。众多法律法规根据不同内容和受众特点，经过归类组合，优化配套。整套普法读本非常全面系统，具有很强的学习性、实用性和指导性，非常适合用于广大农村和城乡普法学习教育与实践指导。总之，是全国全民普法的良好读本。

# 目　录

## 中华人民共和国劳动法

# 中华人民共和国劳动法

中华人民共和国主席令

第十八号

《全国人民代表大会常务委员会关于修改部分法律的决定》已由中华人民共和国第十一届全国人民代表大会常务委员会第十次会议于 2009 年 8 月 27 日通过，现予公布，自公布之日起施行。

中华人民共和国主席　胡锦涛

2009 年 8 月 27 日

（1994 年 7 月 5 日第八届全国人民代表大会常务委员会第八次会议通过；1994 年 7 月 5 日中华人民共和国主席令第二十八号公布；自 1995 年 1 月 1 日起施行；根据 2009 年 8 月 27 日第十一届全国人民代表大会常务委员会第十次会议通过

的《全国人民代表大会常务委员会关于修改部分法律的决定》修正)

# 第一章 总 则

**第一条** 为了保护劳动者的合法权益，调整劳动关系，建立和维护适应社会主义市场经济的劳动制度，促进经济发展和社会进步，根据宪法，制定本法。

**第二条** 在中华人民共和国境内的企业、个体经济组织（以下统称用人单位）和与之形成劳动关系的劳动者，适用本法。

国家机关、事业组织、社会团体和与之建立劳动合同关系的劳动者，依照本法执行。

**第三条** 劳动者享有平等就业和选择职业的权利、取得劳动报酬的权利、休息休假的权利、获得劳动安全卫生保护的权利、接受职业技能培训的权利、享受社会保险和福利的权利、提请劳动争议处理的权利以及法律规定的其他劳动权利。

劳动者应当完成劳动任务，提高职业技能，执行劳动安全卫生规程，遵守劳动纪律和职业道德。

**第四条** 用人单位应当依法建立和完善规章制度，保障劳动者享有劳动权利和履行劳动义务。

**第五条** 国家采取各种措施，促进劳动就业，发展职业教育，制定劳动标准，调节社会收入，完善社会保险，协调劳动关系，逐步提高劳动者的生活水平。

**第六条** 国家提倡劳动者参加社会义务劳动，开展劳动竞赛和合理化建议活动，鼓励和保护劳动者进行科学研究、技术革新和发明创造，表彰和奖励劳动模范和先进工作者。

第七条　劳动者有权依法参加和组织工会。

工会代表和维护劳动者的合法权益，依法独立自主地开展活动。

第八条　劳动者依照法律规定，通过职工大会、职工代表大会或者其他形式，参与民主管理或者就保护劳动者合法权益与用人单位进行平等协商。

第九条　国务院劳动行政部门主管全国劳动工作。

县级以上地方人民政府劳动行政部门主管本行政区域内的劳动工作。

# 第二章　促进就业

第十条　国家通过促进经济和社会发展，创造就业条件，扩大就业机会。

国家鼓励企业、事业组织、社会团体在法律、行政法规规定的范围内兴办产业或者拓展经营，增加就业。

国家支持劳动者自愿组织起来就业和从事个体经营实现就业。

第十一条　地方各级人民政府应当采取措施，发展多种类型的职业介绍机构，提供就业服务。

第十二条　劳动者就业，不因民族、种族、性别、宗教信仰不同而受歧视。

第十三条　妇女享有与男子平等的就业权利。在录用职工时，除国家规定的不适合妇女的工种或者岗位外，不得以性别为由拒绝录用妇女或者提高对妇女的录用标准。

**第十四条** 残疾人、少数民族人员、退出现役的军人的就业，法律、法规有特别规定的，从其规定。

**第十五条** 禁止用人单位招用未满十六周岁的未成年人。

文艺、体育和特种工艺单位招用未满十六周岁的未成年人，必须依照国家有关规定，履行审批手续，并保障其接受义务教育的权利。

# 第三章 劳动合同和集体合同

**第十六条** 劳动合同是劳动者与用人单位确立劳动关系、明确双方权利和义务的协议。建立劳动关系应当订立劳动合同。

**第十七条** 订立和变更劳动合同，应当遵循平等自愿、协商一致的原则，不得违反法律、行政法规的规定。

劳动合同依法订立即具有法律约束力，当事人必须履行劳动合同规定的义务。

**第十八条** 下列劳动合同无效：

（一）违反法律、行政法规的劳动合同。

（二）采取欺诈、威胁等手段订立的劳动合同。

无效的劳动合同，从订立的时候起，就没有法律约束力。认劳动合同部分无效的，如果不影响其余部分的效力，其余部分仍然有效。

劳动合同的无效，由劳动争议仲裁委员会或者人民法院确认。

第十九条　劳动合同应当以书面形式订立，并具备以下条款：

（一）劳动合同期限；

（二）工作内容；

（三）劳动保护和劳动条件；

（四）劳动报酬；

（五）劳动纪律；

（六）劳动合同终止的条件；

（七）违反劳动合同的责任。

劳动合同除前款规定的必备条款外，当事人可以协商约定其他内容。

第二十条　劳动合同的期限分为有固定期限、无固定期限和以完成一定的工作为期限。

劳动者在同一用人单位连续工作满十年以上，当事人双方同意延续劳动合同的，如果劳动者提出订立无固定期限的劳动合同，应当订立无固定期限的劳动合同。

第二十一条　劳动合同可以约定试用期。试用期最长不得超过六个月。

第二十二条　劳动合同当事人可以在劳动合同中约定保守用人单位商业秘密的有关事项。

第二十三条　劳动合同期满或者当事人约定的劳动合同终止条件出现，劳动合同即行终止。

第二十四条　经劳动合同当事人协商一致，劳动合同可以解除。

第二十五条 劳动者有下列情形之一的，用人单位可以解除劳动合同：

（一）在试用期间被证明不符合录用条件的；

（二）严重违反劳动纪律或者用人单位规章制度的；

（三）严重失职，营私舞弊，对用人单位利益造成重大损害的；

（四）被依法追究刑事责任的。

第二十六条 有下列情形之一的，用人单位可以解除劳动合同，但是应当提前三十日以书面形式通知劳动者本人：

（一）劳动者患病或者非因工负伤，医疗期满后，不能从事原工作也不能从事由用人单位另行安排的工作的；

（二）劳动者不能胜任工作，经过培训或者调整工作岗位，仍不能胜任工作的；

（三）劳动合同订立时所依据的客观情况发生重大变化，致使原劳动合同无法履行，经当事人协商不能就变更劳动合同达成协议的。

第二十七条 用人单位濒临破产进行法定整顿期间或者生产经营状况发生严重困难，确需裁减人员的，应当提前三十日向工会或者全体职工说明情况，听取工会或者职工的意见，经向劳动行政部门报告后，可以裁减人员。

用人单位依据本条规定裁减人员，在六个月内录用人员的，应当优先录用被裁减的人员。

第二十八条 用人单位依据本法第二十四条、第二十六条、第二十七条的规定解除劳动合同的，应当依照国家有关规定给予经济补偿。

**第二十九条** 劳动者有下列情形之一的，用人单位不得依据本法第二十六条、第二十七条的规定解除劳动合同：

（一）患职业病或者因工负伤并被确认丧失或者部分丧失劳动能力的；

（二）患病或者负伤，在规定的医疗期内的；

（三）女职工在孕期、产期、哺乳期内的；

（四）法律、行政法规规定的其他情形。

**第三十条** 用人单位解除劳动合同，工会认为不适当的，有权提出意见。如果用人单位违反法律、法规或者劳动合同，工会有权要求重新处理；劳动者申请仲裁或者提起诉讼的，工会应当依法给予支持和帮助。

**第三十一条** 劳动者解除劳动合同，应当提前三十日以书面形式通知用人单位。

**第三十二条** 有下列情形之一的，劳动者可以随时通知用人单位解除劳动合同：

（一）在试用期内的；

（二）用人单位以暴力、威胁或者非法限制人身自由的手段强迫劳动的；

（三）用人单位未按照劳动合同约定支付劳动报酬或者提供劳动条件的。

**第三十三条** 企业职工一方与企业可以就劳动报酬、工作时间、休息休假、劳动安全卫生、保险福利等事项，签订集体合同。集体合同草案应当提交职工代表大会或者全体职工讨论通过。

集体合同由工会代表职工与企业签订；没有建立工会的企业，由职工推举的代表与企业签订。

**第三十四条** 集体合同签订后应当报送劳动行政部门；劳动行政部门自收到集体合同文本之日起十五日内未提出异议的，集体合同即行生效。

**第三十五条** 依法签订的集体合同对企业和企业全体职工具有约束力。职工个人与企业订立的劳动合同中劳动条件和劳动报酬等标准不得低于集体合同的规定。

# 第四章 工作时间和休息休假

**第三十六条** 国家实行劳动者每日工作时间不超过八小时、平均每周工作时间不超过四十四小时的工时制度。

**第三十七条** 对实行计件工作的劳动者，用人单位应当根据本法第三十六条规定的工时制度合理确定其劳动定额和计件报酬标准。

**第三十八条** 用人单位应当保证劳动者每周至少休息一日。

**第三十九条** 企业因生产特点不能实行本法第三十六条、第三十八条规定的，经劳动行政部门批准，可以实行其他工作和休息办法。

**第四十条** 用人单位在下列节日期间应当依法安排劳动者休假：

（一）元旦；

（二）春节；

（三）国际劳动节；

（四）国庆节；

（五）法律、法规规定的其他休假节日。

第四十一条　用人单位由于生产经营需要，经与工会和劳动者协商后可以延长工作时间，一般每日不得超过一小时；因特殊原因需要延长工作时间的，在保障劳动者身体健康的条件下延长工作时间每日不得超过三小时，但是每月不得超过三十六小时。

第四十二条　有下列情形之一的，延长工作时间不受本法第四十一条规定的限制：

（一）发生自然灾害、事故或者因其他原因，威胁劳动者生命健康和财产安全，需要紧急处理的

（二）生产设备、交通运输线路、公共设施发生故障，影响生产和公众利益，必须及时抢修的

（三）法律、行政法规规定的其他情形。

第四十三条　用人单位不得违反本法规定延长劳动者的工作时间。

第四十四条　有下列情形之一的，用人单位应当按照下列标准支付高于劳动者正常工作时间工资的工资报酬：

（一）安排劳动者延长工作时间的，支付不低于工资的百分之一百五十的工资报酬；

（二）休息日安排劳动者工作又不能安排补休的，支付不低于工资的百分之二百的工资报酬；

（三）法定休假日安排劳动者工作的，支付不低于工资的百分

之三百的工资报酬。

**第四十五条** 国家实行带薪年休假制度。

劳动者连续工作一年以上的，享受带薪年休假。具体办法由国务院规定。

# 第五章 工 资

**第四十六条** 工资分配应当遵循按劳分配原则，实行同工同酬。

工资水平在经济发展的基础上逐步提高。国家对工资总量实行宏观调控。

**第四十七条** 用人单位根据本单位的生产经营特点和经济效益，依法自主确定本单位的工资分配方式和工资水平。

**第四十八条** 国家实行最低工资保障制度。最低工资的具体标准由省、自治区、直辖市人民政府规定，报国务院备案。

用人单位支付劳动者的工资不得低于当地最低工资标准。

**第四十九条** 确定和调整最低工资标准应当综合参考下列因素：

（一）劳动者本人及平均赡养人口的最低生活费用；

（二）社会平均工资水平；

（三）劳动生产率；

（四）就业状况；

（五）地区之间经济发展水平的差异。

**第五十条** 工资应当以货币形式按月支付给劳动者本人。不得克扣或者无故拖欠劳动者的工资。

第五十一条　劳动者在法定休假日和婚丧假期间以及依法参加社会活动期间，用人单位应当依法支付工资。

# 第六章　劳动安全卫生

第五十二条　用人单位必须建立、健全劳动安全卫生制度，严格执行国家劳动安全卫生规程和标准，对劳动者进行劳动安全卫生教育，防止劳动过程中的事故，减少职业危害。

第五十三条　劳动安全卫生设施必须符合国家规定的标准。

新建、改建、扩建工程的劳动安全卫生设施必须与主体工程同时设计、同时施工、同时投入生产和使用。

第五十四条　用人单位必须为劳动者提供符合国家规定的劳动安全卫生条件和必要的劳动防护用品，对从事有职业危害作业的劳动者应当定期进行健康检查。

第五十五条　从事特种作业的劳动者必须经过专门培训并取得特种作业资格。

第五十六条　劳动者在劳动过程中必须严格遵守安全操作规程。

劳动者对用人单位管理人员违章指挥、强令冒险作业，有权拒绝执行；对危害生命安全和身体健康的行为，有权提出批评、检举和控告。

第五十七条　国家建立伤亡事故和职业病统计报告和处理制

度。县级以上各级人民政府劳动行政部门、有关部门和用人单位应当依法对劳动者在劳动过程中发生的伤亡事故和劳动者的职业病状况，进行统计、报告和处理。

# 第七章　女职工和未成年工特殊保护

**第五十八条**　国家对女职工和未成年工实行特殊劳动保护。

未成年工是指年满十六周岁未满十八周岁的劳动者。

**第五十九条**　禁止安排女职工从事矿山井下、国家规定的第四级体力劳动强度的劳动和其他禁忌从事的劳动。

**第六十条**　不得安排女职工在经期从事高处、低温、冷水作业和国家规定的第三级体力劳动强度的劳动。

**第六十一条**　不得安排女职工在怀孕期间从事国家规定的第三级体力劳动强度的劳动和孕期禁忌从事的活动。对怀孕七个月以上的女职工，不得安排其延长工作时间和夜班劳动。

**第六十二条**　女职工生育享受不少于九十天的产假。

**第六十三条**　不得安排女职工在哺乳未满一周岁的婴儿期间从事国家规定的第三级体力劳动强度的劳动和哺乳期禁忌从事的其他劳动，不得安排其延长工作时间和夜班劳动。

**第六十四条**　不得安排未成年工从事矿山井下、有毒有害、国家规定的第四级体力劳动强度的劳动和其他禁忌从事的劳动。

**第六十五条**　用人单位应当对未成年工定期进行健康检查。

# 第八章　职业培训

第六十六条　国家通过各种途径，采取各种措施，发展职业培训事业，开发劳动者的职业技能，提高劳动者素质，增强劳动者的就业能力和工作能力。

第六十七条　各级人民政府应当把发展职业培训纳入社会经济发展的规划，鼓励和支持有条件的企业、事业组织、社会团体和个人进行各种形式的职业培训。

第六十八条　用人单位应当建立职业培训制度，按照国家规定提取和使用职业培训经费，根据本单位实际，有计划地对劳动者进行职业培训。

从事技术工种的劳动者，上岗前必须经过培训。

第六十九条　国家确定职业分类，对规定的职业制定职业技能标准，实行职业资格证书制度，由经过政府批准的考核鉴定机构负责对劳动者实施职业技能考核鉴定。

# 第九章　社会保险和福利

第七十条　国家发展社会保险事业，建立社会保险制度，设立社会保险基金，使劳动者在年老、患病、工伤、失业、生育等情况下获得帮助和补偿。

第七十一条　社会保险水平应当与社会经济发展水平和社会承受能力相适应。

第七十二条　社会保险基金按照保险类型确定资金来源，逐步实行社会统筹。用人单位和劳动者必须依法参加社会保险，缴纳社会保险费。

第七十三条　劳动者在下列情形下，依法享受社会保险待遇：

（一）退休；

（二）患病、负伤；

（三）因工伤残或者患职业病；

（四）失业；

（五）生育。

劳动者死亡后，其遗属依法享受遗属津贴。

劳动者享受社会保险待遇的条件和标准由法律、法规规定。

劳动者享受的社会保险金必须按时足额支付。

第七十四条　社会保险基金经办机构依照法律规定收支、管理和运营社会保险基金，并负有使社会保险基金保值增值的责任。

社会保险基金监督机构依照法律规定，对社会保险基金的收支、管理和运营实施监督。

社会保险基金经办机构和社会保险基金监督机构的设立和职能由法律规定。

任何组织和个人不得挪用社会保险基金。

第七十五条　国家鼓励用人单位根据本单位实际情况为劳动者建立补充保险。

国家提倡劳动者个人进行储蓄性保险。

第七十六条　国家发展社会福利事业，兴建公共福利设施，为劳动者休息、休养和疗养提供条件。

用人单位应当创造条件，改善集体福利，提高劳动者的福利待遇。

# 第十章　劳动争议

**第七十七条**　用人单位与劳动者发生劳动争议，当事人可以依法申请调解、仲裁、提起诉讼，也可以协商解决。

调解原则适用于仲裁和诉讼程序。

**第七十八条**　解决劳动争议，应当根据合法、公正、及时处理的原则，依法维护劳动争议当事人的合法权益。

**第七十九条**　劳动争议发生后，当事人可以向本单位劳动争议调解委员会申请调解；调解不成，当事人一方要求仲裁的，可以向劳动争议仲裁委员会申请仲裁。当事人一方也可以直接向劳动争议仲裁委员会申请仲裁。对仲裁裁决不服的，可以向人民法院提起诉讼。

**第八十条**　在用人单位内，可以设立劳动争议调解委员会。劳动争议调解委员会由职工代表、用人单位代表和工会代表组成。劳动争议调解委员会主任由工会代表担任。

劳动争议经调解达成协议的，当事人应当履行。

**第八十一条**　劳动争议仲裁委员会由劳动行政部门代表、同级工会代表、用人单位方面的代表组成。劳动争议仲裁委员会主任由劳动行政部门代表担任。

**第八十二条**　提出仲裁要求的一方应当自劳动争议发生之日起六十日内向劳动争议仲裁委员会提出书面申请。仲裁裁决一般应在收到仲裁申请的六十日内作出。对仲裁裁决无异议的，当事人必须履行。

**第八十三条** 劳动争议当事人对仲裁裁决不服的，可以自收到仲裁裁决书之日起十五日内向人民法院提起诉讼。一方当事人在法定期限内不起诉又不履行仲裁裁决的，另一方当事人可以申请人民法院强制执行。

**第八十四条** 因签订集体合同发生争议，当事人协商解决不成的，当地人民政府劳动行政部门可以组织有关各方协调处理。

因履行集体合同发生争议，当事人协商解决不成的，可以向劳动争议仲裁委员会申请仲裁；对仲裁裁决不服的，可以自收到仲裁裁决书之日起十五日内向人民法院提起诉讼。

# 第十一章　监督检查

**第八十五条** 县级以上各级人民政府劳动行政部门依法对用人单位遵守劳动法律、法规的情况进行监督检查，对违反劳动法律、法规的行为有权制止，并责令改正。

**第八十六条** 县级以上各级人民政府劳动行政部门监督检查人员执行公务，有权进入用人单位了解执行劳动法律、法规的情况，查阅必要的资料，并对劳动场所进行检查。

县级以上各级人民政府劳动行政部门监督检查人员执行公务，必须出示证件，秉公执法并遵守有关规定。

**第八十七条** 县级以上各级人民政府有关部门在各自职责范

围内，对用人单位遵守劳动法律、法规的情况进行监督。

第八十八条　各级工会依法维护劳动者的合法权益，对用人单位遵守劳动法律、法规的情况进行监督。

任何组织和个人对于违反劳动法律、法规的行为有权检举和控告。

# 第十二章　法律责任

第八十九条　用人单位制定的劳动规章制度违反法律、法规规定的，由劳动行政部门给予警告，责令改正；对劳动者造成损害的，应当承担赔偿责任。

第九十条　用人单位违反本法规定，延长劳动者工作时间的，由劳动行政部门给予警告，责令改正，并可以处以罚款。

第九十一条　用人单位有下列侵害劳动者合法权益情形之一的，由劳动行政部门责令支付劳动者的工资报酬、经济补偿，并可以责令支付赔偿金：

（一）克扣或者无故拖欠劳动者工资的；

（二）拒不支付劳动者延长工作时间工资报酬的；

（三）低于当地最低工资标准支付劳动者工资的；

（四）解除劳动合同后，未依照本法规定给予劳动者经济补偿的。

第九十二条　用人单位的劳动安全设施和劳动卫生条件不符合国家规定或者未向劳动者提供必要的劳动防护用品和劳动保护设施的，由劳动行政部门或者有关部门责令改正，可以处以罚款；

情节严重的，提请县级以上人民政府决定责令停产整顿；对事故隐患不采取措施，致使发生重大事故，造成劳动者生命和财产损失的，对责任人员依照刑法有关规定追究刑事责任。

第九十三条　用人单位强令劳动者违章冒险作业，发生重大伤亡事故，造成严重后果的，对责任人员依法追究刑事责任。

第九十四条　用人单位非法招用未满十六周岁的未成年人的，由劳动行政部门责令改正，处以罚款；情节严重的，由工商行政管理部门吊销营业执照。

第九十五条　用人单位违反本法对女职工和未成年工的保护规定，侵害其合法权益的，由劳动行政部门责令改正，处以罚款；对女职工或者未成年工造成损害的，应当承担赔偿责任。

第九十六条　用人单位有下列行为之一，由公安机关对责任人员处以十五日以下拘留、罚款或者警告；构成犯罪的，对责任人员依法追究刑事责任：

（一）以暴力、威胁或者非法限制人身自由的手段强迫劳动的；

（二）侮辱、体罚、殴打、非法搜查和拘禁劳动者的。

第九十七条　由于用人单位的原因订立的无效合同，对劳动者造成损害的，应当承担赔偿责任。

第九十八条　用人单位违反本法规定的条件解除劳动合同或者故意拖延不订立劳动合同的，由劳动行政部门责令改正；对劳动者造成损害的，应当承担赔偿责任。

第九十九条　用人单位招用尚未解除劳动合同的劳动者，对原用人单位造成经济损失的，该用人单位应当依法承担连带赔偿责任。

**第一百条** 用人单位无故不缴纳社会保险费的，由劳动行政部门责令其限期缴纳；逾期不缴的，可以加收滞纳金。

**第一百零一条** 用人单位无理阻挠劳动行政部门、有关部门及其工作人员行使监督检查权，打击报复举报人员的，由劳动行政部门或者有关部门处以罚款；构成犯罪的，对责任人员依法追究刑事责任。

**第一百零二条** 劳动者违反本法规定的条件解除劳动合同或者违反劳动合同中约定的保密事项，对用人单位造成经济损失的，应当依法承担赔偿责任。

**第一百零三条** 劳动行政部门或者有关部门的工作人员滥用职权、玩忽职守、徇私舞弊，构成犯罪的，依法追究刑事责任；不构成犯罪的，给予行政处分。

**第一百零四条** 国家工作人员和社会保险基金经办机构的工作人员挪用社会保险基金，构成犯罪的，依法追究刑事责任。

**第一百零五条** 违反本法规定侵害劳动者合法权益，其他法律、行政法规已规定处罚的，依照该法律、行政法规的规定处罚。

# 第十三章 附 则

**第一百零六条** 省、自治区、直辖市人民政府根据本法和本地区的实际情况，规定劳动合同制度的实施步骤，报国务院备案。

**第一百零七条** 本法自 1995 年 1 月 1 日起施行。

# 附　录

## 最高人民法院关于审理劳动
## 争议案件适用法律若干
## 问题的解释（一）

法释〔2001〕14 号

（2001 年 3 月 22 日最高人民法院审判委员会第 1165
次会议通过）

　　为正确审理劳动争议案件，根据《中华人民共和国劳动法》
（以下简称《劳动法》）和《中华人民共和国民事诉讼法》（以下
简称《民事诉讼法》）等相关法律之规定，就适用法律的若干问
题，作如下解释。

　　**第一条**　劳动者与用人单位之间发生的下列纠纷，属于《劳
动法》第二条规定的劳动争议，当事人不服劳动争议仲裁委员会
作出的裁决，依法向人民法院起诉的，人民法院应当受理：

　　（一）劳动者与用人单位在履行劳动合同过程中发生的纠纷；

　　（二）劳动者与用人单位之间没有订立书面劳动合同，但已形

成劳动关系后发生的纠纷；

（三）劳动者退休后，与尚未参加社会保险统筹的原用人单位因追索养老金、医疗费、工伤保险待遇和其他社会保险费而发生的纠纷。

**第二条** 劳动争议仲裁委员会以当事人申请仲裁的事项不属于劳动争议为由，作出不予受理的书面裁决、决定或者通知，当事人不服，依法向人民法院起诉的，人民法院应当分别情况予以处理：

（一）属于劳动争议案件的，应当受理；

（二）虽不属于劳动争议案件，但属于人民法院主管的其他案件，应当依法受理。

**第三条** 劳动争议仲裁委员会根据《劳动法》第八十二条之规定，以当事人的仲裁申请超过六十日期限为由，作出不予受理的书面裁决、决定或者通知，当事人不服，依法向人民法院起诉的，人民法院应当受理；对确已超过仲裁申请期限，又无不可抗力或者其他正当理由的，依法驳回其诉讼请求。

**第四条** 劳动争议仲裁委员会以申请仲裁的主体不适格为由，作出不予受理的书面裁决、决定或者通知，当事人不服，依法向人民法院起诉的，经审查，确属主体不适格的，裁定不予受理或者驳回起诉。

**第五条** 劳动争议仲裁委员会为纠正原仲裁裁决错误重新作出裁决，当事人不服，依法向人民法院起诉的，人民法院应当受理。

**第六条** 人民法院受理劳动争议案件后，当事人增加诉讼请求的，如该诉讼请求与讼争的劳动争议具有不可分性，应当合并审理；如属独立的劳动争议，应当告知当事人向劳动争议仲裁委员会申请仲裁。

**第七条** 劳动争议仲裁委员会仲裁的事项不属于人民法院受理的案件范围，当事人不服，依法向人民法院起诉的，裁定不予受理或者驳回起诉。

**第八条** 劳动争议案件由用人单位所在地或者劳动合同履行地的基层人民法院管辖。

劳动合同履行地不明确的，由用人单位所在地的基层人民法院管辖。

**第九条** 当事人双方不服劳动争议仲裁委员会作出的同一仲裁裁决，均向同一人民法院起诉的，先起诉的一方当事人为原告，但对双方的诉讼请求，人民法院应当一并作出裁决。

当事人双方就同一仲裁裁决分别向有管辖权的人民法院起诉的，后受理的人民法院应当将案件移送给先受理的人民法院。

**第十条** 用人单位与其它单位合并的，合并前发生的劳动争议，由合并后的单位为当事人；用人单位分立为若干单位的，其分立前发生的劳动争议，由分立后的实际用人单位为当事人。

用人单位分立为若干单位后，对承受劳动权利义务的单位不明确的，分立后的单位均为当事人。

**第十一条** 用人单位招用尚未解除劳动合同的劳动者，原用人单位与劳动者发生的劳动争议，可以列新的用人单位为第三人。

原用人单位以新的用人单位侵权为由向人民法院起诉的，可以列劳动者为第三人。

原用人单位以新的用人单位和劳动者共同侵权为由向人民法院起诉的，新的用人单位和劳动者列为共同被告。

第十二条　劳动者在用人单位与其他平等主体之间的承包经营期间，与发包方和承包方双方或者一方发生劳动争议，依法向人民法院起诉的，应当将承包方和发包方作为当事人。

第十三条　因用人单位作出的开除、除名、辞退、解除劳动合同、减少劳动报酬、计算劳动者工作年限等决定而发生的劳动争议，用人单位负举证责任。

第十四条　劳动合同被确认为无效后，用人单位对劳动者付出的劳动，一般可参照本单位同期、同工种、同岗位的工资标准支付劳动报酬。

根据《劳动法》第九十七条之规定，由于用人单位的原因订立的无效合同，给劳动者造成损害的，应当比照违反和解除劳动合同经济补偿金的支付标准，赔偿劳动者因合同无效所造成的经济损失。

第十五条　用人单位有下列情形之一，迫使劳动者提出解除劳动合同的，用人单位应当支付劳动者的劳动报酬和经济补偿，并可支付赔偿金：

（一）以暴力、威胁或者非法限制人身自由的手段强迫劳动的；

（二）未按照劳动合同约定支付劳动报酬或者提供劳动条件的；

（三）克扣或者无故拖欠劳动者工资的；

（四）拒不支付劳动者延长工作时间工资报酬的；

（五）低于当地最低工资标准支付劳动者工资的。

**第十六条**　劳动合同期满后，劳动者仍在原用人单位工作，原用人单位未表示异议的，视为双方同意以原条件继续履行劳动合同。一方提出终止劳动关系的，人民法院应当支持。

根据《劳动法》第二十条之规定，用人单位应当与劳动者签订无固定期限劳动合同而未签订的，人民法院可以视为双方之间存在无固定期限劳动合同关系，并以原劳动合同确定双方的权利义务关系。

**第十七条**　劳动争议仲裁委员会作出仲裁裁决后，当事人对裁决中的部分事项不服，依法向人民法院起诉的，劳动争议仲裁裁决不发生法律效力。

**第十八条**　劳动争议仲裁委员会对多个劳动者的劳动争议作出仲裁裁决后，部分劳动者对仲裁裁决不服，依法向人民法院起诉的，仲裁裁决对提出起诉的劳动者不发生法律效力；对未提出起诉的部分劳动者，发生法律效力，如其申请执行的，人民法院应当受理。

**第十九条**　用人单位根据《劳动法》第四条之规定，通过民主程序制定的规章制度，不违反国家法律、行政法规及政策规定，并已向劳动者公示的，可以作为人民法院审理劳动争议案件的依据。

**第二十条**　用人单位对劳动者作出的开除、除名、辞退等处理，或者因其他原因解除劳动合同确有错误的，人民法院可以依法判决予以撤销。

对于追索劳动报酬、养老金、医疗费以及工伤保险待遇、经济补偿金、培训费及其他相关费用等案件，给付数额不当的，人民法院可以予以变更。

**第二十一条** 当事人申请人民法院执行劳动争议仲裁机构作出的发生法律效力的裁决书、调解书，被申请人提出证据证明劳动争议仲裁裁决书、调解书有下列情形之一，并经审查核实的，人民法院可以根据《民事诉讼法》第二百一十七条之规定，裁定不予执行：

（一）裁决的事项不属于劳动争议仲裁范围，或者劳动争议仲裁机构无权仲裁的；

（二）适用法律确有错误的；

（三）仲裁员仲裁该案时，有徇私舞弊、枉法裁决行为的；

（四）人民法院认定执行该劳动争议仲裁裁决违背社会公共利益的。

人民法院在不予执行的裁定书中，应当告知当事人在收到裁定书之次日起三十日内，可以就该劳动争议事项向人民法院起诉。

# 最高人民法院关于审理劳动争议案件适用法律若干问题的解释（二）

## 中华人民共和国最高人民法院公告

### 法释〔2006〕6号

《最高人民法院关于审理劳动争议案件适用法律若干问题的解释（二）》已于2006年7月10日由最高人民法院审判委员会第1393次会议通过，现予公布，自2006年10月1日起施行。

二〇〇六年八月十四日

为正确审理劳动争议案件，根据《中华人民共和国劳动法》、《中华人民共和国民事诉讼法》等相关法律规定，结合民事审判实践，对人民法院审理劳动争议案件适用法律的若干问题补充解释如下：

**第一条** 人民法院审理劳动争议案件，对下列情形，视为劳动法第八十二条规定的"劳动争议发生之日"：

（一）在劳动关系存续期间产生的支付工资争议，用人单位能够证明已经书面通知劳动者拒付工资的，书面通知送达之日为劳动争议发生之日。用人单位不能证明的，劳动者主张权利之日为劳动争议发生之日。

（二）因解除或者终止劳动关系产生的争议，用人单位不能证明劳动者收到解除或者终止劳动关系书面通知时间的，劳动者主张权利之日为劳动争议发生之日。

（三）劳动关系解除或者终止后产生的支付工资、经济补偿金、福利待遇等争议，劳动者能够证明用人单位承诺支付的时间为解除或者终止劳动关系后的具体日期的，用人单位承诺支付之日为劳动争议发生之日。劳动者不能证明的，解除或者终止劳动关系之日为劳动争议发生之日。

**第二条** 拖欠工资争议，劳动者申请仲裁时劳动关系仍然存续，用人单位以劳动者申请仲裁超过六十日为由主张不再支付的，人民法院不予支持。但用人单位能够证明劳动者已经收到拒付工资的书面通知的除外。

**第三条** 劳动者以用人单位的工资欠条为证据直接向人民法院起诉，诉讼请求不涉及劳动关系其他争议的，视为拖欠劳动报酬争议，按照普通民事纠纷受理。

**第四条** 用人单位和劳动者因劳动关系是否已经解除或者终止，以及应否支付解除或终止劳动关系经济补偿金产生的争议，经劳动争议仲裁委员会仲裁后，当事人依法起诉的，人民法院应予受理。

**第五条** 劳动者与用人单位解除或者终止劳动关系后，请求用人单位返还其收取的劳动合同定金、保证金、抵押金、抵押物产生的争议，或者办理劳动者的人事档案、社会保险关系等移转手续产生的争议，经劳动争议仲裁委员会仲裁后，当事人依法起诉的，人民法院应予受理。

第六条　劳动者因为工伤、职业病，请求用人单位依法承担给予工伤保险待遇的争议，经劳动争议仲裁委员会仲裁后，当事人依法起诉的，人民法院应予受理。

第七条　下列纠纷不属于劳动争议：

（一）劳动者请求社会保险经办机构发放社会保险金的纠纷；

（二）劳动者与用人单位因住房制度改革产生的公有住房转让纠纷；

（三）劳动者对劳动能力鉴定委员会的伤残等级鉴定结论或者对职业病诊断鉴定委员会的职业病诊断鉴定结论的异议纠纷；

（四）家庭或者个人与家政服务人员之间的纠纷；

（五）个体工匠与帮工、学徒之间的纠纷；

（六）农村承包经营户与受雇人之间的纠纷。

第八条　当事人不服劳动争议仲裁委员会作出的预先支付劳动者部分工资或者医疗费用的裁决，向人民法院起诉的，人民法院不予受理。

用人单位不履行上述裁决中的给付义务，劳动者依法向人民法院申请强制执行的，人民法院应予受理。

第九条　劳动者与起有字号的个体工商户产生的劳动争议诉讼，人民法院应当以营业执照上登记的字号为当事人，但应同时注明该字号业主的自然情况。

第十条　劳动者因履行劳动力派遣合同产生劳动争议而起诉，以派遣单位为被告；争议内容涉及接受单位的，以派遣单位和接受单位为共同被告。

第十一条　劳动者和用人单位均不服劳动争议仲裁委员会的同一裁决，向同一人民法院起诉的，人民法院应当并案审理，双方当事人互为原告和被告。在诉讼过程中，一方当事人撤诉的，人民法院应当根据另一方当事人的诉讼请求继续审理。

第十二条　当事人能够证明在申请仲裁期间内因不可抗力或者其他客观原因无法申请仲裁的，人民法院应当认定申请仲裁期间中止，从中止的原因消灭之次日起，申请仲裁期间连续计算。

第十三条　当事人能够证明在申请仲裁期间内具有下列情形之一的，人民法院应当认定申请仲裁期间中断：

（一）向对方当事人主张权利；

（二）向有关部门请求权利救济；

（三）对方当事人同意履行义务。

申请仲裁期间中断的，从对方当事人明确拒绝履行义务，或者有关部门作出处理决定或明确表示不予处理时起，申请仲裁期间重新计算。

第十四条　在诉讼过程中，劳动者向人民法院申请采取财产保全措施，人民法院经审查认为申请人经济确有困难，或有证据证明用人单位存在欠薪逃匿可能的，应当减轻或者免除劳动者提供担保的义务，及时采取保全措施。

第十五条　人民法院作出的财产保全裁定中，应当告知当事人在劳动仲裁机构的裁决书或者在人民法院的裁判文书生效后三个月内申请强制执行。逾期不申请的，人民法院应当裁定解除保全措施。

第十六条　用人单位制定的内部规章制度与集体合同或者劳

动合同约定的内容不一致，劳动者请求优先适用合同约定的，人民法院应予支持。

第十七条　当事人在劳动争议调解委员会主持下达成的具有劳动权利义务内容的调解协议，具有劳动合同的约束力，可以作为人民法院裁判的根据。

当事人在劳动争议调解委员会主持下仅就劳动报酬争议达成调解协议，用人单位不履行调解协议确定的给付义务，劳动者直接向人民法院起诉的，人民法院可以按照普通民事纠纷受理。

第十八条　本解释自二〇〇六年十月一日起施行。本解释施行前本院颁布的有关司法解释与本解释规定不一致的，以本解释的规定为准。

本解释施行后，人民法院尚未审结的一审、二审案件适用本解释。本解释施行前已经审结的案件，不得适用本解释的规定进行再审。

# 最高人民法院关于审理劳动争议案件
## 适用法律若干问题的解释（三）

法释〔2010〕12号

（2010年7月12日最高人民法院审判委员会第1489次会议通过）

为正确审理劳动争议案件，根据《中华人民共和国劳动法》、《中华人民共和国劳动合同法》、《中华人民共和国劳动争议调解仲裁法》、《中华人民共和国民事诉讼法》等相关法律规定，结合民事审判实践，特作如下解释。

**第一条** 劳动者以用人单位未为其办理社会保险手续，且社会保险经办机构不能补办导致其无法享受社会保险待遇为由，要求用人单位赔偿损失而发生争议的，人民法院应予受理。

**第二条** 因企业自主进行改制引发的争议，人民法院应予受理。

**第三条** 劳动者依据劳动合同法第八十五条规定，向人民法院提起诉讼，要求用人单位支付加付赔偿金的，人民法院应予受理。

**第四条** 劳动者与未办理营业执照、营业执照被吊销或者营业期限届满仍继续经营的用人单位发生争议的，应当将用人单位或者其出资人列为当事人。

**第五条** 未办理营业执照、营业执照被吊销或者营业期限届满仍继续经营的用人单位，以挂靠等方式借用他人营业执照经营的，应当将用人单位和营业执照出借方列为当事人。

**第六条** 当事人不服劳动人事争议仲裁委员会作出的仲裁裁决，依法向人民法院提起诉讼，人民法院审查认为仲裁裁决遗漏了必须共同参加仲裁的当事人的，应当依法追加遗漏的人为诉讼当事人。

被追加的当事人应当承担责任的，人民法院应当一并处理。

**第七条** 用人单位与其招用的已经依法享受养老保险待遇或领取退休金的人员发生用工争议，向人民法院提起诉讼的，人民法院应当按劳务关系处理。

**第八条** 企业停薪留职人员、未达到法定退休年龄的内退人员、下岗待岗人员以及企业经营性停产放长假人员，因与新的用人单位发生用工争议，依法向人民法院提起诉讼的，人民法院应当按劳动关系处理。

**第九条** 劳动者主张加班费的，应当就加班事实的存在承担举证责任。但劳动者有证据证明用人单位掌握加班事实存在的证据，用人单位不提供的，由用人单位承担不利后果。

**第十条** 劳动者与用人单位就解除或者终止劳动合同办理相关手续、支付工资报酬、加班费、经济补偿或者赔偿金等达成的协议，不违反法律、行政法规的强制性规定，且不存在欺诈、胁迫或者乘人之危情形的，应当认定有效。

前款协议存在重大误解或者显失公平情形，当事人请求撤销的，人民法院应予支持。

**第十一条** 劳动人事争议仲裁委员会作出的调解书已经发生

法律效力，一方当事人反悔提起诉讼的，人民法院不予受理；已经受理的，裁定驳回起诉。

第十二条　劳动人事争议仲裁委员会逾期未作出受理决定或仲裁裁决，当事人直接提起诉讼的，人民法院应予受理，但申请仲裁的案件存在下列事由的除外：

（一）移送管辖的；

（二）正在送达或送达延误的；

（三）等待另案诉讼结果、评残结论的；

（四）正在等待劳动人事争议仲裁委员会开庭的；

（五）启动鉴定程序或者委托其他部门调查取证的；

（六）其他正当事由。

当事人以劳动人事争议仲裁委员会逾期未作出仲裁裁决为由提起诉讼的，应当提交劳动人事争议仲裁委员会出具的受理通知书或者其他已接受仲裁申请的凭证或证明。

第十三条　劳动者依据调解仲裁法第四十七条第（一）项规定，追索劳动报酬、工伤医疗费、经济补偿或者赔偿金，如果仲裁裁决涉及数项，每项确定的数额均不超过当地月最低工资标准十二个月金额的，应当按照终局裁决处理。

第十四条　劳动人事争议仲裁委员会作出的同一仲裁裁决同时包含终局裁决事项和非终局裁决事项，当事人不服该仲裁裁决向人民法院提起诉讼的，应当按照非终局裁决处理。

第十五条　劳动者依据调解仲裁法第四十八条规定向基层人民法院提起诉讼，用人单位依据调解仲裁法第四十九条规定向劳动人事争议仲裁委员会所在地的中级人民法院申请撤销仲裁裁决的，中级人民法院应不予受理；已经受理的，应当裁定驳回申请。

被人民法院驳回起诉或者劳动者撤诉的，用人单位可以自收到裁定书之日起三十日内，向劳动人事争议仲裁委员会所在地的中级人民法院申请撤销仲裁裁决。

**第十六条** 用人单位依照调解仲裁法第四十九条规定向中级人民法院申请撤销仲裁裁决，中级人民法院作出的驳回申请或者撤销仲裁裁决的裁定为终审裁定。

**第十七条** 劳动者依据劳动合同法第三十条第二款和调解仲裁法第十六条规定向人民法院申请支付令，符合民事诉讼法第十七章督促程序规定的，人民法院应予受理。

依据劳动合同法第三十条第二款规定申请支付令被人民法院裁定终结督促程序后，劳动者就劳动争议事项直接向人民法院起诉的，人民法院应当告知其先向劳动人事争议仲裁委员会申请仲裁。

依据调解仲裁法第十六条规定申请支付令被人民法院裁定终结督促程序后，劳动者依据调解协议直接向人民法院提起诉讼的，人民法院应予受理。

**第十八条** 劳动人事争议仲裁委员会作出终局裁决，劳动者向人民法院申请执行，用人单位向劳动人事争议仲裁委员会所在地的中级人民法院申请撤销的，人民法院应当裁定中止执行。

用人单位撤回撤销终局裁决申请或者其申请被驳回的，人民法院应当裁定恢复执行。仲裁裁决被撤销的，人民法院应当裁定终结执行。

用人单位向人民法院申请撤销仲裁裁决被驳回后，又在执行程序中以相同理由提出不予执行抗辩的，人民法院不予支持。

# 中共中央 国务院关于构建和谐
# 劳动关系的意见

中发〔2015〕10号

为全面贯彻党的十八大和十八届二中、三中、四中全会精神，构建和谐劳动关系，推动科学发展，促进社会和谐，现提出如下意见。

一、充分认识构建和谐劳动关系的重大意义

劳动关系是生产关系的重要组成部分，是最基本、最重要的社会关系之一。劳动关系是否和谐，事关广大职工和企业的切身利益，事关经济发展与社会和谐。党和国家历来高度重视构建和谐劳动关系，制定了一系列法律法规和政策措施并作出工作部署。各级党委和政府认真贯彻落实党中央和国务院的决策部署，取得了积极成效，总体保持了全国劳动关系和谐稳定。但是，我国正处于经济社会转型时期，劳动关系的主体及其利益诉求越来越多元化，劳动关系矛盾已进入凸显期和多发期，劳动争议案件居高不下，有的地方拖欠农民工工资等损害职工利益的现象仍较突出，集体停工和群体性事件时有发生，构建和谐劳动关系的任务艰巨繁重。

党的十八大明确提出构建和谐劳动关系。在新的历史条件下，努力构建中国特色和谐劳动关系，是加强和创新社会管理、保障和改善民生的重要内容，是建设社会主义和谐社会的重要基础，是经济持续健康发展的重要保证，是增强党的执政基础、巩固党的执政地位的必然要求。各级党委和政府要从夺取中国特色社会主义新胜利的全局和战略高度，深刻认识构建和谐劳动关系的重大意义，切实增强责任感和使命感，把构建和谐劳动关系作为一项紧迫任务，摆在更加突出的位置，采取有力措施抓实抓好。

二、构建和谐劳动关系的指导思想、工作原则和目标任务

（一）指导思想

全面贯彻党的十八大和十八届二中、三中、四中全会精神，以邓小平理论、"三个代表"重要思想、科学发展观为指导，深入贯彻习近平总书记系列重要讲话精神，贯彻落实党中央和国务院的决策部署，坚持促进企业发展、维护职工权益，坚持正确处理改革发展稳定关系，推动中国特色和谐劳动关系的建设和发展，最大限度增加劳动关系和谐因素，最大限度减少不和谐因素，促进经济持续健康发展和社会和谐稳定，凝聚广大职工为实现"两个一百年"奋斗目标、实现中华民族伟大复兴的中国梦贡献力量。

（二）工作原则

——坚持以人为本。把解决广大职工最关心、最直接、最现实的利益问题，切实维护其根本权益，作为构建和谐劳动关系的根本出发点和落脚点。

——坚持依法构建。健全劳动保障法律法规，增强企业依法用工意识，提高职工依法维权能力，加强劳动保障执法监督和劳动纠纷调处，依法处理劳动关系矛盾，把劳动关系的建立、运行、监督、调处的全过程纳入法治化轨道。

——坚持共建共享。统筹处理好促进企业发展和维护职工权

益的关系，调动劳动关系主体双方的积极性、主动性，推动企业和职工协商共事、机制共建、效益共创、利益共享。

——坚持改革创新。从我国基本经济制度出发，统筹考虑公有制经济、非公有制经济和混合所有制经济的特点，不断探究和把握社会主义市场经济条件下劳动关系的规律性，积极稳妥推进具有中国特色的劳动关系工作理论、体制、制度、机制和方法创新。

（三）目标任务

加强调整劳动关系的法律、体制、制度、机制和能力建设，加快健全党委领导、政府负责、社会协同、企业和职工参与、法治保障的工作体制，加快形成源头治理、动态管理、应急处置相结合的工作机制，实现劳动用工更加规范，职工工资合理增长，劳动条件不断改善，职工安全健康得到切实保障，社会保险全面覆盖，人文关怀日益加强，有效预防和化解劳动关系矛盾，建立规范有序、公正合理、互利共赢、和谐稳定的劳动关系。

三、依法保障职工基本权益

（四）切实保障职工取得劳动报酬的权利

完善并落实工资支付规定，健全工资支付监控、工资保证金和欠薪应急周转金制度，探索建立欠薪保障金制度，落实清偿欠薪的施工总承包企业负责制，依法惩处拒不支付劳动报酬等违法犯罪行为，保障职工特别是农民工按时足额领到工资报酬。努力实现农民工与城镇就业人员同工同酬。

（五）切实保障职工休息休假的权利

完善并落实国家关于职工工作时间、全国年节及纪念日假期、带薪年休假等规定，规范企业实行特殊工时制度的审批管理，督促企业依法安排职工休息休假。企业因生产经营需要安排职工延长工作时间的，应与工会和职工协商，并依法足额支付加班加点工资。加强劳动定额定员标准化工作，推动劳动定额定员国家标准、行业标准的制定修订，指导企业制定实施科学合理的劳动定额定员标准，保障职工的休息权利。

（六）切实保障职工获得劳动安全卫生保护的权利

加强劳动安全卫生执法监督，督促企业健全并落实劳动安全卫生责任制，严格执行国家劳动安全卫生保护标准，加大安全生产投入，强化安全生产和职业卫生教育培训，提供符合国家规定的劳动安全卫生条件和劳动保护用品，对从事有职业危害作业的职工按照国家规定进行上岗前、在岗期间和离岗时的职业健康检查，加强女职工和未成年工特殊劳动保护，最大限度地减少生产安全事故和职业病危害。

（七）切实保障职工享受社会保险和接受职业技能培训的权利

认真贯彻实施社会保险法，继续完善社会保险关系转移接续办法，努力实现社会保险全面覆盖，落实广大职工特别是农民工和劳务派遣工的社会保险权益。督促企业依法为职工缴纳各项社会保险费，鼓励有条件的企业按照法律法规和有关规定为职工建立补充保险。引导职工自觉履行法定义务，积极参加社会保险。加强对职工的职业技能培训，鼓励职工参加学历教育和继续教育，提高职工文化知识水平和技能水平。

四、健全劳动关系协调机制

（八）全面实行劳动合同制度

贯彻落实好劳动合同法等法律法规，加强对企业实行劳动合同制度的监督、指导和服务，在用工季节性强、职工流动性大的行业推广简易劳动合同示范文本，依法规范劳动合同订立、履行、变更、解除、终止等行为，切实提高劳动合同签订率和履行质量。依法加强对劳务派遣的监管，规范非全日制、劳务承揽、劳务外包用工和企业裁员行为。指导企业建立健全劳动规章制度，提升劳动用工管理水平。全面推进劳动用工信息申报备案制度建设，加强对企业劳动用工的动态管理。

（九）推行集体协商和集体合同制度

以非公有制企业为重点对象，依法推进工资集体协商，不断扩大覆盖面、增强实效性，形成反映人力资源市场供求关系和企业经济效益的工资决定机制和正常增长机制。完善工资指导线制度，加快建立统一规范的企业薪酬调查和信息发布制度，为开展工资集体协商提供参考。推动企业与职工就工作条件、劳动定额、女职工特殊保护等开展集体协商，订立集体合同。加强集体协商代表能力建设，提高协商水平。加强对集体协商过程的指导，督促企业和职工认真履行集体合同。

（十）健全协调劳动关系三方机制

完善协调劳动关系三方机制组织体系，建立健全由人力资源社会保障部门会同工会和企业联合会、工商业联合会等企业代表组织组成的三方机制，根据实际需要推动工业园区、乡镇（街道）和产业系统建立三方机制。加强和创新三方机制组织建设，建立健全协调劳动关系三方委员会，由同级政府领导担任委员会主任。完善三方机制职能，健全工作制度，充分发挥政府、工会和企业代表组织共同研究解决有关劳动关系重大问题的重要作用。

五、加强企业民主管理制度建设

（十一）健全企业民主管理制度

完善以职工代表大会为基本形式的企业民主管理制度，丰富职工民主参与形式，畅通职工民主参与渠道，依法保障职工的知情权、参与权、表达权、监督权。推进企业普遍建立职工代表大会，认真落实职工代表大会职权，充分发挥职工代表大会在企业发展重大决策和涉及职工切身利益等重大事项上的重要作用。针对不同所有制企业，探索符合各自特点的职工代表大会形式、权限和职能。在中小企业集中的地方，可以建立区域性、行业性职工代表大会。

（十二）推进厂务公开制度化、规范化

进一步提高厂务公开建制率，加强国有企业改制重组过程中的厂务公开，积极稳妥推进非公有制企业厂务公开制度建设。完善公开程序，充实公开内容，创新公开形式，探索和推行经理接待日、劳资恳谈会、总经理信箱等多种形式的公开。

（十三）推行职工董事、职工监事制度

按照公司法规定，在公司制企业建立职工董事、职工监事制度。依法规范职工董事、职工监事履职规则。在董事会、监事会研究决定公司重大问题时，职工董事、职工监事应充分发表意见，反映职工合理诉求，维护职工和公司合法权益。

六、健全劳动关系矛盾调处机制

（十四）健全劳动保障监察制度

全面推进劳动保障监察网格化、网络化管理，实现监察执法向主动预防和统筹城乡转变。创新监察执法方式，规范执法行为，进一步畅通举报投诉渠道，扩大日常巡视检查和书面审查覆盖范围，强化对突出问题的专项整治。建立健全违法行为预警防控机制，完善多部门综合治理和监察执法与刑事司法联动机制，加大对非法用工尤其是大案要案的查处力度，严厉打击使用童工、强迫劳动、拒不支付劳动报酬等违法犯罪行为。加强劳动保障诚信评价制度建设，建立健全企业诚信档案。

（十五）健全劳动争议调解仲裁机制

坚持预防为主、基层为主、调解为主的工作方针，加强企业劳动争议调解委员会建设，推动各类企业普遍建立内部劳动争议协商调解机制。大力推动乡镇（街道）、村（社区）依法建立劳动争议调解组织，支持工会、商（协）会依法建立行业性、区域性劳动争议调解组织。完善劳动争议调解制度，大力加强专业性劳动争议调解工作，健全人民调解、行政调解、仲裁调解、司法调解联动工作体系，充分发挥协商、调解在处理劳动争议中的基础性作用。完善劳动人事争议仲裁办案制度，规范办案程序，加大仲裁办案督查力度，进一步提高仲裁效能和办案质量，促进案件仲裁终结。加强裁审衔接与工作协调，积极探索建立诉讼与仲裁程序有效衔接、裁审标准统一的新规则、新制度。畅通法律援助渠道，依法及时为符合条件的职工提供法律援助，切实维护当事人合法权益。依托协调劳动关系三方机制完善协调处理集体协商争议的办法，有效调处因签订集体合同发生的争议和集体停工事件。

（十六）完善劳动关系群体性事件预防和应急处置机制

加强对劳动关系形势的分析研判，建立劳动关系群体性纠纷的经常性排查和动态监测预警制度，及时发现和积极解决劳动关系领域的苗头性、倾向性问题，有效防范群体性事件。完善应急预案，明确分级响应、处置程序和处置措施。健全党委领导下的政府负责，有关部门和工会、企业代表组织共同参与的群体性事件应急联动处置机制，形成快速反应和处置工作合力，督促指导企业落实主体责任，及时妥善处置群体性事件。

七、营造构建和谐劳动关系的良好环境

（十七）加强对职工的教育引导

在广大职工中加强思想政治教育，引导职工树立正确的世界观、人生观、价值观，追求高尚的职业理想，培养良好的职业道德，增强对企业的责任感、认同感和归属感，爱岗敬业、遵守纪律、诚实守信，自觉履行劳动义务。加强有关法律法规政策宣传工作，在努力解决职工切身利益问题的同时，引导职工正确对待社会利益关系调整，合理确定提高工资收入等诉求预期，以理性合法形式表达利益诉求、解决利益矛盾、维护自身权益。

（十八）加强对职工的人文关怀

培育富有特色的企业精神和健康向上的企业文化，为职工构建共同的精神家园。注重职工的精神需求和心理健康，及时了解掌握职工思想动态，有针对性地做好思想引导和心理疏导工作，建立心理危机干预预警机制。加强企业文体娱乐设施建设，积极组织职工开展喜闻乐见、丰富多彩的文化体育活动，丰富职工文化生活。拓宽职工的发展渠道，拓展职业发展空间。

（十九）教育引导企业经营者积极履行社会责任

加强广大企业经营者的思想政治教育，引导其践行社会主义核心价值观，牢固树立爱国、敬业、诚信、守法、奉献精神，切实承担报效国家、服务社会、造福职工的社会责任。教育引导企业经营者自觉关心爱护职工，努力改善职工的工作、学习和生活条件，帮助他们排忧解难，加大对困难职工的帮扶力度。建立符合我国国情的企业社会责任标准体系和评价体系，营造鼓励企业履行社会责任的环境。加强对企业经营者尤其是中小企业经营管理人员的劳动保障法律法规教育培训，提高他们的依法用工意识，引导他们自觉保障职工合法权益。

（二十）优化企业发展环境

加强和改进政府的管理服务，减少和规范涉企行政审批事项，提高审批事项的工作效率，激发市场主体创造活力。加大对中小企业政策扶持力度，特别是推进扶持小微企业发展的各项政策落实落地，进一步减轻企业负担。加强技术支持，引导企业主动转型升级，紧紧依靠科技进步、职工素质提升和管理创新，不断提升竞争力。通过促进企业发展，为构建和谐劳动关系创造物质条件。

（二十一）加强构建和谐劳动关系的法治保障

进一步完善劳动法、劳动合同法、劳动争议调解仲裁法、社会保险法、职业病防治法等法律的配套法规、规章和政策，加快完善基本劳动标准、集体协商和集体合同、企业工资、劳动保障监察、企业民主管理、协调劳动关系三方机制等方面的制度，逐步健全劳动保障法律法规体系。深入开展法律法规宣传教育，加强行政执法和法律监督，促进各项劳动保障法律法规贯彻实施。

八、加强组织领导和统筹协调

(二十二) 进一步加强领导，形成合力

各级党委和政府要建立健全构建和谐劳动关系的领导协调机制，形成全社会协同参与的工作合力。各级党委要统揽全局，把握方向，及时研究和解决劳动关系中的重大问题，把党政力量、群团力量、企业力量、社会力量统一起来，发挥人大监督、政协民主监督作用。各级政府要把构建和谐劳动关系纳入当地经济社会发展规划和政府目标责任考核体系，切实担负起定政策、作部署、抓落实的责任。完善并落实最低工资制度，在经济发展基础上合理调整最低工资标准。各级人力资源社会保障等部门要充分履行职责，认真做好调查研究、决策咨询、统筹协调、指导服务、检查督促和监察执法等工作。各级工会要积极反映职工群众呼声，依法维护职工权益，团结和凝聚广大职工建功立业。各级工商业联合会、企业联合会等企业代表组织要积极反映企业利益诉求，依法维护企业权益，教育和引导广大企业经营者主动承担社会责任。

(二十三) 加强劳动关系工作能力建设

重视加强各级政府劳动关系协调、劳动保障监察机构建设以及劳动人事争议仲裁委员会和仲裁院建设，配备必要的工作力量。统筹推进乡镇（街道）、村（社区）等基层劳动就业社会保障公共服务平台建设，完善基层劳动关系工作职能，充实基层劳动关系协调、劳动争议调解和劳动保障监察人员。加强劳动关系工作人员业务培训，提高队伍素质。各级政府要针对劳动关系工作机构和队伍建设方面存在的问题，从力量配置、经费投入上给予支持，保障构建和谐劳动关系工作顺利开展。

（二十四）加强企业党组织和基层工会、团组织、企业代表组织建设

加强各类企业党建工作，重点在非公有制企业扩大党的组织覆盖和工作覆盖。坚持企业党建带群团建设，依法推动各类企业普遍建立工会，进一步加强非公有制企业团建工作。指导和支持企业党群组织探索适合企业特点的工作途径和方法，不断增强企业党群组织活力，充分发挥在推动企业发展、凝聚职工群众、促进和谐稳定中的作用。深入推进区域性、行业性工会联合会和县（市、区）、乡镇（街道）、村（社区）、工业园区工会组织建设，健全产业工会组织体系。完善基层工会主席民主产生机制，探索基层工会干部社会化途径，健全保护基层工会干部合法权益制度。建立健全县级以上政府与同级总工会联席会议制度，支持工会参与协调劳动关系。加强基层企业代表组织建设，支持企业代表组织参与协调劳动关系，充分发挥企业代表组织对企业经营者的团结、服务、引导、教育作用。

（二十五）深入推进和谐劳动关系创建活动

把和谐劳动关系创建活动作为构建和谐劳动关系的重要载体，总结创建活动经验，建立健全创建工作目标责任制，扩大创建活动在广大企业特别是非公有制企业和中小企业的覆盖面，推动区域性创建活动由工业园区向企业比较集中的乡镇（街道）、村（社区）拓展，努力形成全方位、多层次的创建局面。丰富创建内容，规范创建标准，改进创建评价，完善激励措施，按照国家有关规定定期表彰创建活动先进单位，把对企业和企业经营者评先

评优与和谐劳动关系创建结合起来，不断推进创建活动深入开展。积极开展构建和谐劳动关系综合试验区（市）建设，为构建中国特色和谐劳动关系创造经验。

（二十六）加大构建和谐劳动关系宣传力度

充分利用新闻媒体和网站，大力宣传构建和谐劳动关系的重大意义、宣传党和政府的方针政策和劳动保障法律法规、宣传构建和谐劳动关系取得的实际成效和工作经验、宣传企业关爱职工和职工奉献企业的先进典型，形成正确舆论导向和强大舆论声势，营造全社会共同关心、支持和参与构建和谐劳动关系的良好氛围。

2015 年 3 月 21 日

# 关于贯彻执行《中华人民共和国劳动法》若干问题的意见

劳动部关于印发《关于贯彻执行
〈中华人民共和国劳动法〉
若干问题的意见》的通知

各省、自治区、直辖市及计划单列市劳动（劳动人事）厅（局）、国务院有关部门、解放军总后勤部生产管理部：

现将《关于贯彻执行〈中华人民共和国劳动法〉若干问题的意见》印发给你们，请遵照执行。

中华人民共和国劳动部

1995 年 8 月 4 日

《中华人民共和国劳动法》（以下简称劳动法）已于一九九五年一月一日起施行，现就劳动法在贯彻执行中遇到的若干问题提出以下意见。

一、适用范围

1. 劳动法第二条中的"个体经济组织"是指一般雇工在七人以下的个体工商户。

2. 中国境内的企业、个体经济组织与劳动者之间，只要形成劳动关系，即劳动者事实上已成为企业、个体经济组织的成员，并为其提供有偿劳动，适用劳动法。

3. 国家机关、事业组织、社会团体实行劳动合同制度的以及按规定应实行劳动合同制度的工勤人员；实行企业化管理的事业组织的人员；其他通过劳动合同与国家机关、事业组织、社会团体建立劳动关系的劳动者，适用劳动法。

4. 公务员和比照实行公务员制度的事业组织和社会团体的工作人员，以及农村劳动者（乡镇企业职工和进城务工、经商的农民除外）、现役军人和家庭保姆等不适用劳动法。

5. 中国境内的企业、个体经济组织在劳动法中被称为用人单位。国家机关、事业组织、社会团体和与之建立劳动合同关系的劳动者依照劳动法执行。根据劳动法的这一规定，国家机关、事业组织、社会团体应当视为用人单位。

二、劳动合同和集体合同

（一）劳动合同的订立

6. 用人单位应与其富余人员、放长假的职工，签订劳动合同，但其劳动合同与在岗职工的劳动合同在内容上可以有所区别。用人单位与劳动者经协商一致可以在劳动合同中就不在岗期间的有关事项作出规定。

7. 用人单位应与其长期被外单位借用的人员、带薪上学人员、以及其他非在岗但仍保持劳动关系的人员签订劳动合同，但在外借和上学期间，劳动合同中的某些相关条款经双方协商可以变更。

8. 请长病假的职工，在病假期间与原单位保持着劳动关系，用人单位应与其签订劳动合同。

9. 原固定工中经批准的停薪留职人员，愿意回原单位继续工作的，原单位应与其签订劳动合同；不愿回原单位继续工作的，原单位可以与其解除劳动关系。

10. 根据劳动部《实施〈劳动法〉中有关劳动合同问题的解答》（劳部发〔1995〕202号）的规定，党委书记、工会主席等党群专职人员也是职工的一员，依照劳动法的规定，与用人单位签订劳动合同。对于有特殊规定的，可以按有关规定办理。

11. 根据劳动部《实施〈劳动法〉中有关劳动合同问题的解答》（劳部发〔1995〕202号）的规定，经理由其上级部门聘任（委任）的，应与聘任（委任）部门签订劳动合同。实行公司制的经理和有关经营管理人员，应依据《中华人民共和国公司法》的规定与董事会签订劳动合同。

12. 在校生利用业余时间勤工助学，不视为就业，未建立劳动关系，可以不签订劳动合同。

13. 用人单位发生分立或合并后，分立或合并后的用人单位可依据其实际情况与原用人单位的劳动者遵循平等自愿、协商一致的原则变更原劳动合同。

14. 派出到合资、参股单位的职工如果与原单位仍保持着劳动关系，应当与原单位签订劳动合同，原单位可就劳动合同的有关内容在与合资、参股单位订立的劳务合同时，明确职工的工资、保险、福利、休假等有关待遇。

15. 租赁经营（生产）、承包经营（生产）的企业，所有权并没有发生改变，法人名称未变，在与职工订立劳动合同时，该企业仍为用人单位一方。依据租赁合同或承包合同，租赁人、承包人如果作为该企业的法定代表人或者该法定代表人的授权委托人时，可代表该企业（用人单位）与劳动者订立劳动合同。

16. 用人单位与劳动者签订劳动合同时，劳动合同可以由用人单位拟定，也可以由双方当事人共同拟定，但劳动合同必须经双方当事人协商一致后才能签订，职工被迫签订的劳动合同或未经协商一致签订的劳动合同为无效劳动合同。

17. 用人单位与劳动者之间形成了事实劳动关系，而用人单位故意拖延不订立劳动合同，劳动行政部门应予以纠正。用人单位因此给劳动者造成损害的，应按劳动部《违反〈劳动法〉有关劳动合同规定的赔偿办法》（劳部发〔1995〕223 号）的规定进行赔偿。

（二）劳动合同的内容

18. 劳动者被用人单位录用后，双方可以在劳动合同中约定试用期，试用期应包括在劳动合同期限内。

19. 试用期是用人单位和劳动者为相互了解、选择而约定的不超过六个月的考察期。一般对初次就业或再次就业的职工可以约定。在原固定工进行劳动合同制度的转制过程中，用人单位与原固定工签订劳动合同时，可以不再约定试用期。

20. 无固定期限的劳动合同是指不约定终止日期的劳动合同。按照平等自愿、协商一致的原则，用人单位和劳动者只要达成一致，无论初次就业的，还是由固定工转制的，都可以签订无固定期限的劳动合同。

无固定期限的劳动合同不得将法定解除条件约定为终止条件，以规避解除劳动合同时用人单位应承担支付给劳动者经济补偿的义务。

21. 用人单位经批准招用农民工，其劳动合同期限可以由用人单位和劳动者协商确定。

从事矿山井下以及在其他有害身体健康的工种、岗位工作的农民工，实行定期轮换制度，合同期限最长不超过八年。

22. 劳动法第二十条中的"在同一用人单位连续工作满十年以上"是指劳动者与同一用人单位签订的劳动合同的期限不间断达到十年，劳动合同期满双方同意续订劳动合同时，只要劳动者提出签订无固定期限劳动合同的，用人单位应当与其签订无固定期限的劳动合同。在固定工转制中各地如有特殊规定的，从其规定。

23. 用人单位用于劳动者职业技能培训费用的支付和劳动者违约时培训费的赔偿可以在劳动合同中约定，但约定劳动者违约时负担的培训费和赔偿金的标准不得违反劳动部《违反〈劳动法〉有关劳动合同规定的赔偿办法》（劳部发〔1995〕223 号）等有关规定。

24. 用人单位在与劳动者订立劳动合同时，不得以任何形式向劳动者收取定金、保证金（物）或抵押金（物）。对违反以上规定的，应按照劳动部、公安部、全国总工会《关于加强外商投资企业和私营企业劳动管理切实保障职工合法权益的通知》（劳部发〔1994〕118 号）和劳动部办公厅《对"关于国有企业和集体所有制企业能否参照执行劳部发〔1994〕118 号文件中的有关规定的请示"的复函》（劳办发〔1994〕256 号）的规定，由公安部门和劳动行政部门责令用人单位立即退还给劳动者本人。

（三）经济性裁员

25. 依据劳动法第二十七条和劳动部《企业经济性裁减人员规定》（劳部发〔1994〕447号）第四条的规定，用人单位确需裁减人员，应按下列程序进行：

（1）提前三十日向工会或全体职工说明情况，并提供有关生产经营状况的资料；

（2）提出裁减人员方案，内容包括：被裁减人员名单、裁减时间及实施步骤，符合法律、法规规定和集体合同约定的被裁减人员的经济补偿办法；

（3）将裁减人员方案征求工会或者全体职工的意见，并对方案进行修改和完善；

（4）向当地劳动行政部门报告裁减人员方案以及工会或者全体职工的意见，并听取劳动行政部门的意见；

（5）由用人单位正式公布裁减人员方案，与被裁减人员办理解除劳动合同手续，按照有关规定向被裁减人员本人支付经济补偿金，并出具裁减人员证明书。

（四）劳动合同的解除和无效劳动合同

26. 劳动合同的解除是指劳动合同订立后，尚未全部履行以前，由于某种原因导致劳动合同一方或双方当事人提前消灭劳动关系的法律行为。劳动合同的解除分为法定解除和约定解除两种。根据劳动法的规定，劳动合同既可以由单方依法解除，也可以双方协商解除。劳动合同的解除，只对未履行的部分发生效力，不涉及已履行的部分。

27. 无效劳动合同是指所订立的劳动合同不符合法定条件，不能发生当事人预期的法律后果的劳动合同。劳动合同的无效由人民法院或劳动争议仲裁委员会确认，不能由合同双方当事人决定。

28. 劳动者涉嫌违法犯罪被有关机关收容审查、拘留或逮捕的，用人单位在劳动者被限制人身自由期间，可与其暂时停止劳动合同的履行。

暂时停止履行劳动合同期间，用人单位不承担劳动合同规定的相应义务。劳动者经证明被错误限制人身自由的，暂时停止履行劳动合同期间劳动者的损失，可由其依据《国家赔偿法》要求有关部门赔偿。

29. 劳动者被依法追究刑事责任的，用人单位可依据劳动法第二十五条解除劳动合同。

"被依法追究刑事责任"是指：被人民检察院免予起诉的、被人民法院判处刑罚的、被人民法院依据刑法第三十二条免予刑事处分的。

劳动者被人民法院判处拘役、三年以下有期徒刑缓刑的，用人单位可以解除劳动合同。

30. 劳动法第二十五条为用人单位可以解除劳动合同的条款，即使存在第二十九条规定的情况，只要劳动者同时存在第二十五条规定的四种情形之一，用人单位也可以根据第二十五条的规定解除劳动合同。

31. 劳动者被劳动教养的，用人单位可以依据被劳教的事实解除与该劳动者的劳动合同。

32. 按照劳动法第三十一条的规定，劳动者解除劳动合同，应当提前三十日以书面形式通知用人单位。超过三十日，劳动者可以向用人单位提出办理解除劳动合同手续，用人单位予以办理。如果劳动者违法解除劳动合同给原用人单位造成经济损失，应当承担赔偿责任。

33. 劳动者违反劳动法规定或劳动合同的约定解除劳动合同（如擅自离职），给用人单位造成经济损失的，应当根据劳动法第一百零二条和劳动部《违反〈劳动法〉有关劳动合同规定的赔偿办法》（劳部发〔1995〕223 号）的规定，承担赔偿责任。

34. 除劳动法第二十五条规定的情形外，劳动者在医疗期、孕期、产期和哺乳期内，劳动合同期限届满时，用人单位不得终止劳动合同。劳动合同的期限应自动延续至医疗期、孕期、产期和哺乳期期满为止。

35. 请长病假的职工在医疗期满后，能从事原工作的，可以继续履行劳动合同；医疗期满后仍不能从事原工作也不能从事由单位另行安排的工作的，由劳动鉴定委员会参照工伤与职业病致残程度鉴定标准进行劳动能力鉴定。被鉴定为一至四级的，应当退出劳动岗位，解除劳动关系，办理因病或非因工负伤退休退职手续，享受相应的退休退职待遇；被鉴定为五至十级的，用人单位可以解除劳动合同，并按规定支付经济补偿金和医疗补助费。

（五）解除劳动合同的经济补偿

36. 用人单位依据劳动法第二十四条、第二十六条、第二十七条的规定解除劳动合同，应当按照劳动法和劳动部《违反和解除劳动合同的经济补偿办法》（劳部发〔1994〕481 号）支付劳动者经济补偿金。

37. 根据《民法通则》第四十四条第二款"企业法人分立、

合并，它的权利和义务由变更后的法人享有和承担"的规定，用人单位发生分立或合并后，分立或合并后的用人单位可依据其实际情况与原用人单位的劳动者遵循平等自愿、协商一致的原则变更、解除或重新签订劳动合同。

在此种情况下的重新签订劳动合同视为原劳动合同的变更，用人单位变更劳动合同，劳动者不能依据劳动法第二十八条要求经济补偿。

38. 劳动合同期满或者当事人约定的劳动合同终止条件出现，劳动合同即行终止，用人单位可以不支付劳动者经济补偿金。国家另有规定的，可以从其规定。

39. 用人单位依据劳动法第二十五条解除劳动合同，可以不支付劳动者经济补偿金。

40. 劳动者依据劳动法第三十二条第（一）项解除劳动合同，用人单位可以不支付经济补偿金，但应按照劳动者的实际工作天数支付工资。

41. 在原固定工实行劳动合同制度的过程中，企业富余职工辞职，经企业同意可以不与企业签订劳动合同的，企业应根据《国有企业富余职工安置规定》（国务院令第 111 号，1993 年公布）发给劳动者一次性生活补助费。

42. 职工在接近退休年龄（按有关规定一般为五年以内）时因劳动合同到期终止劳动合同的，如果符合退休、退职条件，可以办理退休、退职手续；不符合退休、退职条件的，在终止劳动合同后按规定领取失业救济金。享受失业救济金的期限届满后仍未就业，符合社会救济条件的，可以按规定领取社会救济金，达到退休年龄时办理退休手续，领取养老保险金。

43. 劳动合同解除后，用人单位对符合规定的劳动者应支付经济补偿金。不能因劳动者领取了失业救济金而拒付或克扣经济补偿金，失业保险机构也不得以劳动者领取了经济补偿金为由，停发或减发失业救济金。

（六）体制改革过程中实行劳动合同制度的有关政策

44. 困难企业签订劳动合同，应区分不同情况，有些亏损企业属政策性亏损，生产仍在进行，还能发出工资，应该按照劳动法的规定签订劳动合同。已经停产半停产的企业，要根据具体情况签订劳动合同，保证这些企业职工的基本生活。

45. 在国有企业固定工转制过程中，劳动者无正当理由不得单方面与用人单位解除劳动关系；用人单位也不得以实行劳动合同制度为由，借机辞退部分职工。

46. 关于在企业内录干、聘干问题，劳动法规定用人单位内的全体职工统称为劳动者，在同一用人单位内，各种不同的身分界限随之打破。应该按照劳动法的规定，通过签订劳动合同来明确劳动者的工作内容、岗位等。用人单位根据工作需要，调整劳动者的工作岗位时，可以与劳动者协商一致，变更劳动合同的相关内容。

47. 由于各用人单位千差万别，对工作内容、劳动报酬的规定也就差异很大，因此，国家不宜制定统一的劳动合同标准文本。目前，各地、各行业制定并向企业推荐的劳动合同文本，对于用人单位和劳动者双方有一定的指导意义，但这些劳动合同文本只能供用人单位和劳动者参考。

48. 按照劳动部办公厅《对全面实行劳动合同制若干问题的请示的复函》（劳办发〔1995〕19号）的规定，各地企业在与原固定工签订劳动合同时，应注意保护老弱病残职工的合法权益。对工作时间较长，年龄较大的职工，各地可以根据劳动法第一百零六条制定一次性的过渡政策，具体办法由各省、自治区、直辖市确定。

49. 在企业全面建立劳动合同制度以后，原合同制工人与本企业内的原固定工应享受同等待遇。是否发给15%的工资性补贴，可以由各省、自治区、直辖市人民政府根据劳动法第一百零六条在制定劳动合同制度的实施步骤时加以规定。

50. 在目前工伤保险和残疾人康复就业制度尚未建立和完善的情况下，对因工部分丧失劳动能力的职工，劳动合同期满也不能终止劳动合同，仍由原单位按照国家有关规定提供医疗等待遇。

（七）集体合同

51. 当前签订集体合同的重点应在非国有企业和现代企业制度试点的企业进行，积累经验，逐步扩大范围。

52. 关于国有企业在承包制条件下签订的"共保合同"，凡内容符合劳动法和有关法律、法规和规章关于集体合同规定的，应按照有关规定办理集体合同送审、备案手续；凡不符合劳动法和有关法律、法规和规章规定的，应积极创造条件逐步向规范的集体合同过渡。

三、工资

（一）最低工资

53. 劳动法中的"工资"是指用人单位依据国家有关规定或

劳动合同的约定，以货币形式直接支付给本单位劳动者的劳动报酬，一般包括计时工资、计件工资、奖金、津贴和补贴、延长工作时间的工资报酬以及特殊情况下支付的工资等。"工资"是劳动者劳动收入的主要组成部分。

劳动者的以下劳动收入不属于工资范围：（1）单位支付给劳动者个人的社会保险福利费用，如丧葬抚恤救济费、生活困难补助费、计划生育补贴等；（2）劳动保护方面的费用，如用人单位支付给劳动者的工作服、解毒剂、清凉饮料费用等；（3）按规定未列入工资总额的各种劳动报酬及其他劳动收入，如根据国家规定发放的创造发明奖、国家星火奖、自然科学奖、科学技术进步奖、合理化建议和技术改进奖、中华技能大奖等，以及稿费、讲课费、翻译费等。

54. 劳动法第四十八条中的"最低工资"是指劳动者在法定工作时间内履行了正常劳动义务的前提下，由其所在单位支付的最低劳动报酬。最低工资不包括延长工作时间的工资报酬，以货币形式支付的住房和用人单位支付的伙食补贴，中班、夜班、高温、低温、井下、有毒、有害等特殊工作环境和劳动条件下的津贴，国家法律、法规、规章规定的社会保险福利待遇。

55. 劳动法第四十四条中的"劳动者正常工作时间工资"是指劳动合同规定的劳动者本人所在工作岗位（职位）相对应的工资。鉴于当前劳动合同制度尚处于推进过程中，按上述规定执行确有困难的用人单位，地方或行业劳动部门可在不违反劳动部《关于工资〈支付暂行规定〉有关问题的补充规定》（劳部发〔1995〕226号）文件所确定的总的原则的基础上，制定过渡办法。

56. 在劳动合同中，双方当事人约定的劳动者在未完成劳动定额或承包任务的情况下，用人单位可低于最低工资标准支付劳动者工资的条款不具有法律效力。

57. 劳动者与用人单位形成或建立劳动关系后，试用、熟练、见习期间，在法定工作时间内提供了正常劳动，其所在的用人单位应当支付其不低于最低工资标准的工资。

58. 企业下岗待工人员，由企业依据当地政府的有关规定支付其生活费，生活费可以低于最低工资标准，下岗待工人员中重新就业的，企业应停发其生活费。女职工因生育、哺乳请长假而下岗的，在其享受法定产假期间，依法领取生育津贴；没有参加生育保险的企业，由企业照发原工资。

59. 职工患病或非因工负伤治疗期间，在规定的医疗期间内由企业按有关规定支付其病假工资或疾病救济费，病假工资或疾病救济费可以低于当地最低工资标准支付，但不能低于最低工资标准的80%。

（二）延长工作时间的工资报酬

60. 实行每天不超过 8 小时，每周不超过 44 小时或 40 小时标准工作时间制度的企业，以及经批准实行综合计算工时工作制的企业，应当按照劳动法的规定支付劳动者延长工作时间的工资报酬。全体职工已实行劳动合同制度的企业，一般管理人员（实行不定时工作制人员除外）经批准延长工作时间的，可以支付延长工作时间的工资报酬。

61. 实行计时工资制的劳动者的日工资，按其本人月工资标准除以平均每月法定工作天数（实行每周 40 小时工作制的为 21.16 天，实行每周 44 小时工作制的为 23.33 天）进行计算。

62. 实行综合计算工时工作制的企业职工，工作日正好是周休息日的，属于正常工作；工作日正好是法定节假日时，要依照劳动法第四十四条第（三）项的规定支付职工的工资报酬。

（三）有关企业工资支付的政策

63. 企业克扣或无故拖欠劳动者工资的，劳动监察部门应根据劳动法第九十一条、劳动部《违反和解除劳动合同的经济补偿办法》第三条、《违反〈中华人民共和国劳动法〉行政处罚办法》第六条予以处理。

64. 经济困难的企业执行劳动部《工资支付暂行规定》（劳部发〔1994〕489 号）确有困难，应根据以下规定执行：

（1）《关于做好国有企业职工和离退休人员基本生活保障工作的通知》（国发〔1993〕76 号）的规定，"企业发放工资确有困难时，应发给职工基本生活费，具体标准由各地区、各部门根据实际情况确定"；

（2）《关于国有企业流动资金贷款的紧急通知》（银传〔1994〕34 号）的规定，"地方政府通过财政补贴，企业主管部门有可能也要拿出一部分资金，银行要拿出一部分贷款，共同保证职工基本生活和社会的稳定"；

（3）《国有企业富余职工安置规定》（国务院令第 111 号，1993 年发布）的规定："企业可以对职工实行有限期的放假。职工放假期间，由企业发给生活费"。

四、工作时间和休假

（一）综合计算工作时间

65. 经批准实行综合计算工作时间的用人单位，分别以周、月、季、年等为周期综合计算工作时间，但其平均日工作时间和平均周工作时间应与法定标准工作时间基本相同。

66. 对于那些在市场竞争中，由于外界因素的影响，生产任务不均衡的企业的部分职工，经劳动行政部门严格审批后，可以参照综合计算工时工作制的办法实施，但用人单位应采取适当方式确保职工的休息休假权利和生产、工作任务的完成。

67. 经批准实行不定时工作制的职工，不受劳动法第四十一条规定的日延长工作时间标准和月延长工作时间标准的限制，但用人单位应采用弹性工作时间等适当的工作和休息方式，确保职工的休息休假权利和生产、工作任务的完成。

68. 实行标准工时制度的企业，延长工作时间应严格按劳动法第四十一条的规定执行，不能按季、年综合计算延长工作时间。

69. 中央直属企业、企业化管理的事业单位实行不定时工作制和综合计算工时工作制等其他工作和休息办法的，须经国务院行业主管部门审核，报国务院劳动行政部门批准。地方企业实行不定时工作制和综合计算工时工作制等其他工作和休息办法的审批办法，由省、自治区、直辖市人民政府劳动行政部门制定，报国务院劳动行政部门备案。

（二）延长工作时间

70. 休息日安排劳动者工作的，应先按同等时间安排其补休，不能安排补休的应按劳动法第四十四条第（二）项的规定支付劳动者延长工作时间的工资报酬。法定节假日（元旦、春节、劳动节、国庆节）安排劳动者工作的，应按劳动法第四十四条第（三）项支付劳动者延长工作时间的工资报酬。

71. 协商是企业决定延长工作时间的程序（劳动法第四十二条和《劳动部贯彻〈国务院关于职工工作时间的规定〉的实施办法》第七条规定除外），企业确因生产经营需要，必须延长工作时间时，应与工会和劳动者协商。协商后，企业可以在劳动法限定的延长工作时数内决定延长工作时间，对企业违反法律、法规强迫劳动者延长工作时间的，劳动者有权拒绝。若由此发生劳动争议，可以提请劳动争议处理机构予以处理。

（三）休假

72. 实行新工时制度后，企业职工原有的年休假制度仍然实行。在国务院尚未作出新的规定之前，企业可以按照1991年6月5日《中共中央国务院关于职工休假问题的通知》，安排职工休假。

五、社会保险

73. 企业实施破产时，按照国家有关企业破产的规定，从其财产清产和土地转让所得中按实际需要划拨出社会保险费用和职工再就业的安置费。其划拨的养老保险费和失业保险费由当地社会保险基金经办机构和劳动部门就业服务机构接收，并负责支付离退休人员的养老保险费用和支付失业人员应享受的失业保险待遇。

74. 企业富余职工、请长假人员、请长病假人员、外借人员和带薪上学人员，其社会保险费仍按规定由原单位和个人继续缴纳，缴纳保险费期间计算为缴费年限。

75. 用人单位全部职工实行劳动合同制度后，职工在用人单位内由转制前的原工人岗位转为原干部（技术）岗位或由原干部（技术）岗位转为原工人岗位，其退休年龄和条件，按现岗位国家规定执行。

76. 依据劳动部《企业职工患病或非因工负伤医疗期的规定》（劳部发〔1994〕479号）和劳动部《关于贯彻〈企业职工患病或非因工负伤医疗期的规定〉的通知》（劳部发〔1995〕236号），职工患病或非因工负伤，根据本人实际参加工作的年限和本企业工作年限长短，享受3-24个月的医疗期。对于某些患特殊疾病（如癌症、精神病、瘫痪等）的职工，在24个月内尚不能痊愈的，经企业和当地劳动部门批准，可以适当延长医疗期。

77. 劳动者的工伤待遇在国家尚未颁布新的工伤保险法律、行政法规之前，各类企业仍要执行《劳动保险条例》及相关的政策规定，如果当地政府已实行工伤保险制度改革的，应执行当地的新规定；个体经济组织的劳动者的工伤保险参照企业职工的规定执行；国家机关、事业组织、社会团体的劳动者的工伤保险，如果包括在地方人民政府的工伤改革规定范围内的，按地方政府的规定执行。

78. 劳动者患职业病按照1987年由卫生部等部门发布的《职业病范围和职业病患者处理办法的规定》和所附的"职业病名单"（〔87〕卫防第60号）处理，经职业病诊断机构确诊并发给《职业病诊断证明书》，劳动行政部门据此确认工伤，并通知用人单位或者社会保险基金经办机构发给有关工伤保险待遇；劳动者因工负伤的，劳动行政部门根据企业的工伤事故报告和工伤者本人的申请，作出工伤认定，由社会保险基金经办机构或用人单位，发给有关工伤保险待遇。患职业病或工伤致残的，由当地劳动鉴定委员会按照劳动部《职工工伤和职业病致残程度鉴定标准》（劳险字〔1992〕6号）评定伤残等级和护理依赖程度。劳动鉴定委员会的伤残等级和护理依赖程度的结论，以医学检查、诊断结果为技术依据。

79. 劳动者因工负伤或患职业病，用人单位应按国家和地方政府的规定进行工伤事故报告，或者经职业病诊断机构确诊进行职业病报告。用人单位和劳动者有权按规定向当地劳动行政部门报告。如果用人单位瞒报、漏报工作或职业病，工会、劳动者可以向劳动行政部门报告。经劳动行政部门确认后，用人单位或社会保险基金经办机构应补发工伤保险待遇。

80. 劳动者对劳动行政部门作出的工伤或职业病的确认意见不服，可依法提起行政复议或行政诉讼。

81. 劳动者被认定患职业病或因工负伤后，对劳动鉴定委员会作出的伤残等级和护理依赖程度鉴定结论不服，可依法提起行政复议或行政诉讼。对劳动能力鉴定结论所依据的医学检查、诊断结果有异议的，可以要求复查诊断，复查诊断按各省、自治区和直辖市劳动鉴定委员会规定的程序进行。

六、劳动争议

82. 用人单位与劳动者发生劳动争议不论是否订立劳动合同，只要存在事实劳动关系，并符合劳动法的适用范围和《中华人民共和国企业劳动争议处理条例》的受案范围，劳动争议仲裁委员会均应受理。

83. 劳动合同鉴证是劳动行政部门审查、证明劳动合同的真实性、合法性的一项行政监督措施，尤其在劳动合同制度全面实施的初期有其必要性。劳动行政部门鼓励并提倡用人单位和劳动者进行劳动合同鉴证。劳动争议仲裁委员会不能以劳动合同未经鉴证为由不受理相关的劳动争议案件。

84. 国家机关、事业组织、社会团体与本单位工人以及其他与之建立劳动合同关系的劳动者之间，个体工商户与帮工、学徒之间，以及军队、武警部队的事业组织和企业与其无军籍的职工之间发生的劳动争议，只要符合劳动争议的受案范围，劳动争议仲裁委员会应予受理。

85. "劳动争议发生之日"是指当事人知道或者应当知道其权利被侵害之日。

86. 根据《中华人民共和国商业银行法》的规定，商业银行为企业法人。商业银行与其职工适用《劳动法》、《中华人民共和国企业劳动争议处理条例》等劳动法律、法规和规章。商业银行与其职工发生的争议属于劳动争议的受案范围的，劳动争议仲裁委员会应予受理。

87. 劳动法第二十五条第（三）项中的"重大损害"，应由企业内部规章来规定，不便于在全国对其作统一解释。若用人单位以此为由解除劳动合同，与劳动者发生劳动争议，当事人向劳动争议仲裁委员会申请仲裁的，由劳动争议仲裁委员会根据企业类型、规模和损害程度等情况，对企业规章中规定的"重大损害"进行认定。

88. 劳动监察是劳动法授予劳动行政部门的职责，劳动争议仲裁是劳动法授予各级劳动争议仲裁委员会的职能。用人单位或行业部门不能设立劳动监察机构和劳动争议仲裁委员会，也不能设立劳动行政部门劳动监察机构的派出机构和劳动争议仲裁委员会的派出机构。

89. 劳动争议当事人向企业劳动争议调解委员会申请调解，从当事人提出申请之日起，仲裁申诉时效中止，企业劳动争议调解委员会应当在三十日内结束调解，即中止期间最长不得超过三十日。结束调解之日起，当事人的申诉时效继续计算。调解超过三十日的，申诉时效从三十日之后的第一天继续计算。

90. 劳动争议仲裁委员会的办事机构对未予受理的仲裁申请，应逐件向仲裁委员会报告并说明情况，仲裁委员会认为应当受理的，应及时通知当事人。当事人从申请至受理的期间应视为时效中止。

七、法律责任

91. 劳动法第九十一条的含义是，如果用人单位实施了本条规定的前三项侵权行为之一的，劳动行政部门应责令用人单位支付劳动者的工资报酬和经济补偿，并可以责令支付赔偿金。如果用人单位实施了本条规定的第四项侵权行为，即解除劳动合同后未依法给予劳动者经济补偿的，因不存在支付工资报酬的问题，故劳动行政部门只责令用人单位支付劳动者经济补偿，还可以支付赔偿金。

92. 用人单位实施下列行为之一的，应认定为劳动法第一百零一条中的"无理阻挠"行为：

（1）阻止劳动监督检查人员进入用人单位内（包括进入劳动现场）进行监督检查的；

（2）隐瞒事实真象，出具伪证，或者隐匿、毁灭证据的；

（3）拒绝提供有关资料的；

（4）拒绝在规定的时间和地点就劳动行政部门所提问题作出解释和说明的；

（5）法律、法规和规章规定的其他情况。

八、适用法律

93. 劳动部、外经贸部《外商投资企业劳动管理规定》（劳部发〔1994〕246号）与劳动部《违反和解除劳动合同的经济补偿办法》（劳部发〔1994〕481号）中关于解除劳动合同的经济补偿规定是一致的，246号文中的"生活补助费"是劳动法第二十八条所指经济补偿的具体化，与481号文中的"经济补偿金"可视为同一概念。

94. 劳动部、外经贸部《外商投资企业劳动管理规定》（劳部发〔1994〕246号）与劳动部《违反〈中华人民共和国劳动法〉行政处罚办法》（劳部发〔1994〕532号）在企业低于当地最低工资标准支付职工工资应付赔偿金的标准，延长工作时间的罚款标准，阻止劳动监察人员行使监督检查权的罚款标准等方面规定不一致，按照同等效力的法律规范新法优于旧法执行的原则，应执行劳动部劳部发〔1994〕532号规章。

95. 劳动部《企业最低工资规定》（劳部发〔1993〕333号）与劳动部《违反〈中华人民共和国劳动法〉行政处罚办法》（劳部发〔1994〕532号）在拖欠或低于国家最低工资标准支付工资

的赔偿金标准方面规定不一致，应按劳动部劳部发〔1994〕532号规章执行。

96. 劳动部《违反〈中华人民共和国劳动法〉行政处罚办法》（劳部发〔1994〕532号）对行政处罚行为、处罚标准未作规定，而其他劳动行政规章和地方政府规章作了规定的，按有关规定执行。

97. 对违反劳动法的用人单位，劳动行政部门有权依据劳动法律、法规和规章的规定予以处理，用人单位对劳动行政部门作出的行政处罚决定不服，在法定期限内不提起诉讼或不申请复议又不执行行政处罚决定的，劳动行政部门可以根据行政诉讼法第六十六条申请人民法院强制执行。劳动行政部门依法申请人民法院强制执行时，应当提交申请执行书，据以执行的法律文书和其他必须提交的材料。

98. 适用法律、法规、规章及其他规范性文件遵循下列原则：

（1）法律的效力高于行政法规与地方性法规；行政法规与地方性法规效力高于部门规章和地方政府规章；部门规章和地方政府规章效力高于其他规范性文件。

（2）在适用同一效力层次的文件时，新法律优于旧法律；新法规优于旧法规；新规章优于旧规章；新规范性文件优于旧规范性文件。

99. 依据《法规规章备案规定》（国务院令第48号，1990年发布）"地方人民政府规章同国务院部门规章之间或者国务院部门规章相互之间有矛盾的，由国务院法制局进行协调；经协调不能取得一致意见的，由国务院法制局提出意见，报国务院决定。"地方劳动行政部门在发现劳动部规章与国务院其他部门规章或地方政府规章相矛盾时，可将情况报劳动部，由劳动部报国务院法制局进行协调或决定。

100. 地方或行业劳动部门发现劳动部的规章之间、其他规范性文件之间或规章与其他规范性文件之间相矛盾，一般适用"新文件优于旧文件"的原则，同时可向劳动部请示。

# 中华人民共和国劳动合同法

中华人民共和国主席令

第七十三号

《全国人民代表大会常务委员会关于修改〈中华人民共和国劳动合同法〉的决定》已由中华人民共和国第十一届全国人民代表大会常务委员会第三十次会议于 2012 年 12 月 28 日通过，现予公布，自 2013 年 7 月 1 日起施行。

中华人民共和国主席　胡锦涛

2012 年 12 月 28 日

## 第一章　总　则

**第一条**　为了完善劳动合同制度，明确劳动合同双方当事人的权利和义务，保护劳动者的合法权益，构建和发展和谐稳定的劳动关系，制定本法。

**第二条** 中华人民共和国境内的企业、个体经济组织、民办非企业单位等组织（以下称用人单位）与劳动者建立劳动关系，订立、履行、变更、解除或者终止劳动合同，适用本法。

国家机关、事业单位、社会团体和与其建立劳动关系的劳动者，订立、履行、变更、解除或者终止劳动合同，依照本法执行。

**第三条** 订立劳动合同，应当遵循合法、公平、平等自愿、协商一致、诚实信用的原则。

依法订立的劳动合同具有约束力，用人单位与劳动者应当履行劳动合同约定的义务。

**第四条** 用人单位应当依法建立和完善劳动规章制度，保障劳动者享有劳动权利、履行劳动义务。

用人单位在制定、修改或者决定有关劳动报酬、工作时间、休息休假、劳动安全卫生、保险福利、职工培训、劳动纪律以及劳动定额管理等直接涉及劳动者切身利益的规章制度或者重大事项时，应当经职工代表大会或者全体职工讨论，提出方案和意见，与工会或者职工代表平等协商确定。

在规章制度和重大事项决定实施过程中，工会或者职工认为不适当的，有权向用人单位提出，通过协商予以修改完善。

用人单位应当将直接涉及劳动者切身利益的规章制度和重大事项决定公示，或者告知劳动者。

**第五条** 县级以上人民政府劳动行政部门会同工会和企业方面代表，建立健全协调劳动关系三方机制，共同研究解决有关劳动关系的重大问题。

**第六条**　工会应当帮助、指导劳动者与用人单位依法订立和履行劳动合同，并与用人单位建立集体协商机制，维护劳动者的合法权益。

## 第二章　劳动合同的订立

**第七条**　用人单位自用工之日起即与劳动者建立劳动关系。用人单位应当建立职工名册备查。

**第八条**　用人单位招用劳动者时，应当如实告知劳动者工作内容、工作条件、工作地点、职业危害、安全生产状况、劳动报酬，以及劳动者要求了解的其他情况；用人单位有权了解劳动者与劳动合同直接相关的基本情况，劳动者应当如实说明。

**第九条**　用人单位招用劳动者，不得扣押劳动者的居民身份证和其他证件，不得要求劳动者提供担保或者以其他名义向劳动者收取财物。

**第十条**　建立劳动关系，应当订立书面劳动合同。

已建立劳动关系，未同时订立书面劳动合同的，应当自用工之日起一个月内订立书面劳动合同。

用人单位与劳动者在用工前订立劳动合同的，劳动关系自用工之日起建立。

**第十一条**　用人单位未在用工的同时订立书面劳动合同，与劳动者约定的劳动报酬不明确的，新招用的劳动者的劳动报酬按照集体合同规定的标准执行；没有集体合同或者集体合同未规定的，实行同工同酬。

第十二条　劳动合同分为固定期限劳动合同、无固定期限劳动合同和以完成一定工作任务为期限的劳动合同。

第十三条　固定期限劳动合同，是指用人单位与劳动者约定合同终止时间的劳动合同。

用人单位与劳动者协商一致，可以订立固定期限劳动合同。

第十四条　无固定期限劳动合同，是指用人单位与劳动者约定无确定终止时间的劳动合同。

用人单位与劳动者协商一致，可以订立无固定期限劳动合同。有下列情形之一，劳动者提出或者同意续订、订立劳动合同的，除劳动者提出订立固定期限劳动合同外，应当订立无固定期限劳动合同：

（一）劳动者在该用人单位连续工作满十年的；

（二）用人单位初次实行劳动合同制度或者国有企业改制重新订立劳动合同时，劳动者在该用人单位连续工作满十年且距法定退休年龄不足十年的；

（三）连续订立二次固定期限劳动合同，且劳动者没有本法第三十九条和第四十条第一项、第二项规定的情形，续订劳动合同的。

用人单位自用工之日起满一年不与劳动者订立书面劳动合同的，视为用人单位与劳动者已订立无固定期限劳动合同。

第十五条　以完成一定工作任务为期限的劳动合同，是指用人单位与劳动者约定以某项工作的完成为合同期限的劳动合同。

用人单位与劳动者协商一致，可以订立以完成一定工作任务为期限的劳动合同。

第十六条 劳动合同由用人单位与劳动者协商一致，并经用人单位与劳动者在劳动合同文本上签字或者盖章生效。

劳动合同文本由用人单位和劳动者各执一份。

第十七条 劳动合同应当具备以下条款：

（一）用人单位的名称、住所和法定代表人或者主要负责人；

（二）劳动者的姓名、住址和居民身份证或者其他有效身份证件号码；

（三）劳动合同期限；

（四）工作内容和工作地点；

（五）工作时间和休息休假；

（六）劳动报酬；

（七）社会保险；

（八）劳动保护、劳动条件和职业危害防护；

（九）法律、法规规定应当纳入劳动合同的其他事项。

劳动合同除前款规定的必备条款外，用人单位与劳动者可以约定试用期、培训、保守秘密、补充保险和福利待遇等其他事项。

第十八条 劳动合同对劳动报酬和劳动条件等标准约定不明确，引发争议的，用人单位与劳动者可以重新协商；协商不成的，适用集体合同规定；没有集体合同或者集体合同未规定劳动报酬的，实行同工同酬；没有集体合同或者集体合同未规定劳动条件等标准的，适用国家有关规定。

第十九条 劳动合同期限三个月以上不满一年的，试用期不得超过一个月；劳动合同期限一年以上不满三年的，试用期不得超过二个月；三年以上固定期限和无固定期限的劳动合同，试用期不得超过六个月。

同一用人单位与同一劳动者只能约定一次试用期。

以完成一定工作任务为期限的劳动合同或者劳动合同期限不满三个月的，不得约定试用期。

试用期包含在劳动合同期限内。劳动合同仅约定试用期的，试用期不成立，该期限为劳动合同期限。

**第二十条** 劳动者在试用期的工资不得低于本单位相同岗位最低档工资或者劳动合同约定工资的百分之八十，并不得低于用人单位所在地的最低工资标准。

**第二十一条** 在试用期中，除劳动者有本法第三十九条和第四十条第一项、第二项规定的情形外，用人单位不得解除劳动合同。用人单位在试用期解除劳动合同的，应当向劳动者说明理由。

**第二十二条** 用人单位为劳动者提供专项培训费用，对其进行专业技术培训的，可以与该劳动者订立协议，约定服务期。

劳动者违反服务期约定的，应当按照约定向用人单位支付违约金。违约金的数额不得超过用人单位提供的培训费用。用人单位要求劳动者支付的违约金不得超过服务期尚未履行部分所应分摊的培训费用。

用人单位与劳动者约定服务期的，不影响按照正常的工资调整机制提高劳动者在服务期期间的劳动报酬。

**第二十三条** 用人单位与劳动者可以在劳动合同中约定保守用人单位的商业秘密和与知识产权相关的保密事项。

对负有保密义务的劳动者，用人单位可以在劳动合同或者保密协议中与劳动者约定竞业限制条款，并约定在解除或者终止劳动合同后，在竞业限制期限内按月给予劳动者经济补偿。劳动者违反竞业限制约定的，应当按照约定向用人单位支付违约金。

第二十四条　竞业限制的人员限于用人单位的高级管理人员、高级技术人员和其他负有保密义务的人员。竞业限制的范围、地域、期限由用人单位与劳动者约定，竞业限制的约定不得违反法律、法规的规定。

在解除或者终止劳动合同后，前款规定的人员到与本单位生产或者经营同类产品、从事同类业务的有竞争关系的其他用人单位，或者自己开业生产或者经营同类产品、从事同类业务的竞业限制期限，不得超过二年。

第二十五条　除本法第二十二条和第二十三条规定的情形外，用人单位不得与劳动者约定由劳动者承担违约金。

第二十六条　下列劳动合同无效或者部分无效：

（一）以欺诈、胁迫的手段或者乘人之危，使对方在违背真实意思的情况下订立或者变更劳动合同的；

（二）用人单位免除自己的法定责任、排除劳动者权利的；

（三）违反法律、行政法规强制性规定的。

对劳动合同的无效或者部分无效有争议的，由劳动争议仲裁机构或者人民法院确认。

第二十七条　劳动合同部分无效，不影响其他部分效力的，其他部分仍然有效。

第二十八条　劳动合同被确认无效，劳动者已付出劳动的，用人单位应当向劳动者支付劳动报酬。劳动报酬的数额，参照本单位相同或者相近岗位劳动者的劳动报酬确定。

# 第三章　劳动合同的
# 履行和变更

**第二十九条**　用人单位与劳动者应当按照劳动合同的约定，全面履行各自的义务。

**第三十条**　用人单位应当按照劳动合同约定和国家规定，向劳动者及时足额支付劳动报酬。

用人单位拖欠或者未足额支付劳动报酬的，劳动者可以依法向当地人民法院申请支付令，人民法院应当依法发出支付令。

**第三十一条**　用人单位应当严格执行劳动定额标准，不得强迫或者变相强迫劳动者加班。用人单位安排加班的，应当按照国家有关规定向劳动者支付加班费。

**第三十二条**　劳动者拒绝用人单位管理人员违章指挥、强令冒险作业的，不视为违反劳动合同。

劳动者对危害生命安全和身体健康的劳动条件，有权对用人单位提出批评、检举和控告。

**第三十三条**　用人单位变更名称、法定代表人、主要负责人或者投资人等事项，不影响劳动合同的履行。

**第三十四条**　用人单位发生合并或者分立等情况，原劳动合同继续有效，劳动合同由承继其权利和义务的用人单位继续履行。

**第三十五条**　用人单位与劳动者协商一致，可以变更劳动合同约定的内容。变更劳动合同，应当采用书面形式。

变更后的劳动合同文本由用人单位和劳动者各执一份。

# 第四章 劳动合同的
# 解除和终止

**第三十六条** 用人单位与劳动者协商一致，可以解除劳动合同。

**第三十七条** 劳动者提前三十日以书面形式通知用人单位，可以解除劳动合同。劳动者在试用期内提前三日通知用人单位，可以解除劳动合同。

**第三十八条** 用人单位有下列情形之一的，劳动者可以解除劳动合同：

（一）未按照劳动合同约定提供劳动保护或者劳动条件的；

（二）未及时足额支付劳动报酬的；

（三）未依法为劳动者缴纳社会保险费的；

（四）用人单位的规章制度违反法律、法规的规定，损害劳动者权益的；

（五）因本法第二十六条第一款规定的情形致使劳动合同无效的；

（六）法律、行政法规规定劳动者可以解除劳动合同的其他情形。

用人单位以暴力、威胁或者非法限制人身自由的手段强迫劳动者劳动的，或者用人单位违章指挥、强令冒险作业危及劳动者人身安全的，劳动者可以立即解除劳动合同，不需事先告知用人单位。

第三十九条　劳动者有下列情形之一的，用人单位可以解除劳动合同：

（一）在试用期间被证明不符合录用条件的；

（二）严重违反用人单位的规章制度的；

（三）严重失职，营私舞弊，给用人单位造成重大损害的；

（四）劳动者同时与其他用人单位建立劳动关系，对完成本单位的工作任务造成严重影响，或者经用人单位提出，拒不改正的；

（五）因本法第二十六条　第一款第一项规定的情形致使劳动合同无效的；

（六）被依法追究刑事责任的。

第四十条　有下列情形之一的，用人单位提前三十日以书面形式通知劳动者本人或者额外支付劳动者一个月工资后，可以解除劳动合同：

（一）劳动者患病或者非因工负伤，在规定的医疗期满后不能从事原工作，也不能从事由用人单位另行安排的工作的；

（二）劳动者不能胜任工作，经过培训或者调整工作岗位，仍不能胜任工作的；

（三）劳动合同订立时所依据的客观情况发生重大变化，致使劳动合同无法履行，经用人单位与劳动者协商，未能就变更劳动合同内容达成协议的。

第四十一条　有下列情形之一，需要裁减人员二十人以上或者裁减不足二十人但占企业职工总数百分之十以上的，用人单位提前三十日向工会或者全体职工说明情况，听取工会或者职工的意见后，裁减人员方案经向劳动行政部门报告，可以裁减人员：

（一）依照企业破产法规定进行重整的；

（二）生产经营发生严重困难的；

（三）企业转产、重大技术革新或者经营方式调整，经变更劳动合同后，仍需裁减人员的；

（四）其他因劳动合同订立时所依据的客观经济情况发生重大变化，致使劳动合同无法履行的。

裁减人员时，应当优先留用下列人员：

（一）与本单位订立较长期限的固定期限劳动合同的；

（二）与本单位订立无固定期限劳动合同的；

（三）家庭无其他就业人员，有需要扶养的老人或者未成年人的。

用人单位依照本条第一款规定裁减人员，在六个月内重新招用人员的，应当通知被裁减的人员，并在同等条件下优先招用被裁减的人员。

**第四十二条** 劳动者有下列情形之一的，用人单位不得依照本法第四十条、第四十一条的规定解除劳动合同：

（一）从事接触职业病危害作业的劳动者未进行离岗前职业健康检查，或者疑似职业病病人在诊断或者医学观察期间的；

（二）在本单位患职业病或者因工负伤并被确认丧失或者部分丧失劳动能力的；

（三）患病或者非因工负伤，在规定的医疗期内的；

（四）女职工在孕期、产期、哺乳期的；

（五）在本单位连续工作满十五年，且距法定退休年龄不足五年的；

（六）法律、行政法规规定的其他情形。

**第四十三条** 用人单位单方解除劳动合同，应当事先将理由通知工会。用人单位违反法律、行政法规规定或者劳动合同约定的，工会有权要求用人单位纠正。用人单位应当研究工会的意见，并将处理结果书面通知工会。

**第四十四条** 有下列情形之一的，劳动合同终止：

（一）劳动合同期满的；

（二）劳动者开始依法享受基本养老保险待遇的；

（三）劳动者死亡，或者被人民法院宣告死亡或者宣告失踪的；

（四）用人单位被依法宣告破产的；

（五）用人单位被吊销营业执照、责令关闭、撤销或者用人单位决定提前解散的；

（六）法律、行政法规规定的其他情形。

**第四十五条** 劳动合同期满，有本法第四十二条规定情形之一的，劳动合同应当续延至相应的情形消失时终止。但是，本法第四十二条第二项规定丧失或者部分丧失劳动能力劳动者的劳动合同的终止，按照国家有关工伤保险的规定执行。

**第四十六条** 有下列情形之一的，用人单位应当向劳动者支付经济补偿：

（一）劳动者依照本法第三十八条规定解除劳动合同的；

（二）用人单位依照本法第三十六条规定向劳动者提出解除劳动合同并与劳动者协商一致解除劳动合同的；

（三）用人单位依照本法第四十条规定解除劳动合同的；

（四）用人单位依照本法第四十一条第一款规定解除劳动合同的；

（五）除用人单位维持或者提高劳动合同约定条件续订劳动合同，劳动者不同意续订的情形外，依照本法第四十四条第一项规定终止固定期限劳动合同的；

（六）依照本法第四十四条第四项、第五项规定终止劳动合同的；

（七）法律、行政法规规定的其他情形。

**第四十七条** 经济补偿按劳动者在本单位工作的年限，每满一年支付一个月工资的标准向劳动者支付。六个月以上不满一年的，按一年计算；不满六个月的，向劳动者支付半个月工资的经济补偿。

劳动者月工资高于用人单位所在直辖市、设区的市级人民政府公布的本地区上年度职工月平均工资三倍的，向其支付经济补偿的标准按职工月平均工资三倍的数额支付，向其支付经济补偿的年限最高不超过十二年。

本条所称月工资是指劳动者在劳动合同解除或者终止前十二个月的平均工资。

**第四十八条** 用人单位违反本法规定解除或者终止劳动合同，劳动者要求继续履行劳动合同的，用人单位应当继续履行；劳动者不要求继续履行劳动合同或者劳动合同已经不能继续履行的，用人单位应当依照本法第八十七条规定支付赔偿金。

**第四十九条** 国家采取措施，建立健全劳动者社会保险关系跨地区转移接续制度。

第五十条 用人单位应当在解除或者终止劳动合同时出具解除或者终止劳动合同的证明,并在十五日内为劳动者办理档案和社会保险关系转移手续。

劳动者应当按照双方约定,办理工作交接。用人单位依照本法有关规定应当向劳动者支付经济补偿的,在办结工作交接时支付。

用人单位对已经解除或者终止的劳动合同的文本,至少保存二年备查。

# 第五章 特别规定

## 第一节 集体合同

第五十一条 企业职工一方与用人单位通过平等协商,可以就劳动报酬、工作时间、休息休假、劳动安全卫生、保险福利等事项订立集体合同。集体合同草案应当提交职工代表大会或者全体职工讨论通过。

集体合同由工会代表企业职工一方与用人单位订立;尚未建立工会的用人单位,由上级工会指导劳动者推举的代表与用人单位订立。

第五十二条 企业职工一方与用人单位可以订立劳动安全卫生、女职工权益保护、工资调整机制等专项集体合同。

第五十三条 在县级以下区域内,建筑业、采矿业、餐饮服务业等行业可以由工会与企业方面代表订立行业性集体合同,或者订立区域性集体合同。

**第五十四条** 集体合同订立后，应当报送劳动行政部门；劳动行政部门自收到集体合同文本之日起十五日内未提出异议的，集体合同即行生效。

依法订立的集体合同对用人单位和劳动者具有约束力。行业性、区域性集体合同对当地本行业、本区域的用人单位和劳动者具有约束力。

**第五十五条** 集体合同中劳动报酬和劳动条件等标准不得低于当地人民政府规定的最低标准；用人单位与劳动者订立的劳动合同中劳动报酬和劳动条件等标准不得低于集体合同规定的标准。

**第五十六条** 用人单位违反集体合同，侵犯职工劳动权益的，工会可以依法要求用人单位承担责任；因履行集体合同发生争议，经协商解决不成的，工会可以依法申请仲裁、提起诉讼。

## 第二节 劳务派遣

**第五十七条** 经营劳务派遣业务应当具备下列条件：

（一）注册资本不得少于人民币二百万元；

（二）有与开展业务相适应的固定的经营场所和设施；

（三）有符合法律、行政法规规定的劳务派遣管理制度；

（四）法律、行政法规规定的其他条件。

经营劳务派遣业务，应当向劳动行政部门依法申请行政许可；经许可的，依法办理相应的公司登记。未经许可，任何单位和个人不得经营劳务派遣业务。

**第五十八条** 劳务派遣单位是本法所称用人单位，应当履行用人单位对劳动者的义务。劳务派遣单位与被派遣劳动者订立的劳动合同，除应当载明本法第十七条规定的事项外，还应当载明被派遣劳动者的用工单位以及派遣期限、工作岗位等情况。

劳务派遣单位应当与被派遣劳动者订立二年以上的固定期限劳动合同，按月支付劳动报酬；被派遣劳动者在无工作期间，劳务派遣单位应当按照所在地人民政府规定的最低工资标准，向其按月支付报酬。

**第五十九条** 劳务派遣单位派遣劳动者应当与接受以劳务派遣形式用工的单位（以下称用工单位）订立劳务派遣协议。劳务派遣协议应当约定派遣岗位和人员数量、派遣期限、劳动报酬和社会保险费的数额与支付方式以及违反协议的责任。

用工单位应当根据工作岗位的实际需要与劳务派遣单位确定派遣期限，不得将连续用工期限分割订立数个短期劳务派遣协议。

**第六十条** 劳务派遣单位应当将劳务派遣协议的内容告知被派遣劳动者。

劳务派遣单位不得克扣用工单位按照劳务派遣协议支付给被派遣劳动者的劳动报酬。

劳务派遣单位和用工单位不得向被派遣劳动者收取费用。

**第六十一条** 劳务派遣单位跨地区派遣劳动者的，被派遣劳动者享有的劳动报酬和劳动条件，按照用工单位所在地的标准执行。

**第六十二条** 用工单位应当履行下列义务：

（一）执行国家劳动标准，提供相应的劳动条件和劳动保护；

（二）告知被派遣劳动者的工作要求和劳动报酬；

（三）支付加班费、绩效奖金，提供与工作岗位相关的福利待遇；

（四）对在岗被派遣劳动者进行工作岗位所必需的培训；

（五）连续用工的，实行正常的工资调整机制。

用工单位不得将被派遣劳动者再派遣到其他用人单位。

**第六十三条** 被派遣劳动者享有与用工单位的劳动者同工同酬的权利。用工单位应当按照同工同酬原则，对被派遣劳动者与本单位同类岗位的劳动者实行相同的劳动报酬分配办法。用工单位无同类岗位劳动者的，参照用工单位所在地相同或者相近岗位劳动者的劳动报酬确定。

劳务派遣单位与被派遣劳动者订立的劳动合同和与用工单位订立的劳务派遣协议，载明或者约定的向被派遣劳动者支付的劳动报酬应当符合前款规定。

**第六十四条** 被派遣劳动者有权在劳务派遣单位或者用工单位依法参加或者组织工会，维护自身的合法权益。

**第六十五条** 被派遣劳动者可以依照本法第三十六条、第三十八条的规定与劳务派遣单位解除劳动合同。

被派遣劳动者有本法第三十九条和第四十条第一项、第二项规定情形的，用工单位可以将劳动者退回劳务派遣单位，劳务派遣单位依照本法有关规定，可以与劳动者解除劳动合同。

**第六十六条** 劳动合同用工是我国的企业基本用工形式。劳务派遣用工是补充形式，只能在临时性、辅助性或者替代性的工作岗位上实施。

前款规定的临时性工作岗位是指存续时间不超过六个月的岗

位；辅助性工作岗位是指为主营业务岗位提供服务的非主营业务岗位；替代性工作岗位是指用工单位的劳动者因脱产学习、休假等原因无法工作的一定期间内，可以由其他劳动者替代工作的岗位。

用工单位应当严格控制劳务派遣用工数量，不得超过其用工总量的一定比例，具体比例由国务院劳动行政部门规定。

**第六十七条** 用人单位不得设立劳务派遣单位向本单位或者所属单位派遣劳动者。

## 第三节 非全日制用工

**第六十八条** 非全日制用工，是指以小时计酬为主，劳动者在同一用人单位一般平均每日工作时间不超过四小时，每周工作时间累计不超过二十四小时的用工形式。

**第六十九条** 非全日制用工双方当事人可以订立口头协议。

从事非全日制用工的劳动者可以与一个或者一个以上用人单位订立劳动合同；但是，后订立的劳动合同不得影响先订立的劳动合同的履行。

**第七十条** 非全日制用工双方当事人不得约定试用期。

**第七十一条** 非全日制用工双方当事人任何一方都可以随时通知对方终止用工。终止用工，用人单位不向劳动者支付经济补偿。

**第七十二条** 非全日制用工小时计酬标准不得低于用人单位所在地人民政府规定的最低小时工资标准。

非全日制用工劳动报酬结算支付周期最长不得超过十五日。

# 第六章　监督检查

**第七十三条**　国务院劳动行政部门负责全国劳动合同制度实施的监督管理。

县级以上地方人民政府劳动行政部门负责本行政区域内劳动合同制度实施的监督管理。

县级以上各级人民政府劳动行政部门在劳动合同制度实施的监督管理工作中，应当听取工会、企业方面代表以及有关行业主管部门的意见。

**第七十四条**　县级以上地方人民政府劳动行政部门依法对下列实施劳动合同制度的情况进行监督检查：

（一）用人单位制定直接涉及劳动者切身利益的规章制度及其执行的情况；

（二）用人单位与劳动者订立和解除劳动合同的情况；

（三）劳务派遣单位和用工单位遵守劳务派遣有关规定的情况；

（四）用人单位遵守国家关于劳动者工作时间和休息休假规定的情况；

（五）用人单位支付劳动合同约定的劳动报酬和执行最低工资标准的情况；

（六）用人单位参加各项社会保险和缴纳社会保险费的情况；

（七）法律、法规规定的其他劳动监察事项。

**第七十五条**　县级以上地方人民政府劳动行政部门实施监督

检查时，有权查阅与劳动合同、集体合同有关的材料，有权对劳动场所进行实地检查，用人单位和劳动者都应当如实提供有关情况和材料。

劳动行政部门的工作人员进行监督检查，应当出示证件，依法行使职权，文明执法。

第七十六条　县级以上人民政府建设、卫生、安全生产监督管理等有关主管部门在各自职责范围内，对用人单位执行劳动合同制度的情况进行监督管理。

第七十七条　劳动者合法权益受到侵害的，有权要求有关部门依法处理，或者依法申请仲裁、提起诉讼。

第七十八条　工会依法维护劳动者的合法权益，对用人单位履行劳动合同、集体合同的情况进行监督。用人单位违反劳动法律、法规和劳动合同、集体合同的，工会有权提出意见或者要求纠正；劳动者申请仲裁、提起诉讼的，工会依法给予支持和帮助。

第七十九条　任何组织或者个人对违反本法的行为都有权举报，县级以上人民政府劳动行政部门应当及时核实、处理，并对举报有功人员给予奖励。

# 第七章　法律责任

第八十条　用人单位直接涉及劳动者切身利益的规章制度违反法律、法规规定的，由劳动行政部门责令改正，给予警告；给劳动者造成损害的，应当承担赔偿责任。

第八十一条　用人单位提供的劳动合同文本未载明本法规定

的劳动合同必备条款或者用人单位未将劳动合同文本交付劳动者的，由劳动行政部门责令改正；给劳动者造成损害的，应当承担赔偿责任。

第八十二条　用人单位自用工之日起超过一个月不满一年未与劳动者订立书面劳动合同的，应当向劳动者每月支付二倍的工资。

用人单位违反本法规定不与劳动者订立无固定期限劳动合同的，自应当订立无固定期限劳动合同之日起向劳动者每月支付二倍的工资。

第八十三条　用人单位违反本法规定与劳动者约定试用期的，由劳动行政部门责令改正；违法约定的试用期已经履行的，由用人单位以劳动者试用期满月工资为标准，按已经履行的超过法定试用期的期间向劳动者支付赔偿金。

第八十四条　用人单位违反本法规定，扣押劳动者居民身份证等证件的，由劳动行政部门责令限期退还劳动者本人，并依照有关法律规定给予处罚。

用人单位违反本法规定，以担保或者其他名义向劳动者收取财物的，由劳动行政部门责令限期退还劳动者本人，并以每人五百元以上二千元以下的标准处以罚款；给劳动者造成损害的，应当承担赔偿责任。

劳动者依法解除或者终止劳动合同，用人单位扣押劳动者档案或者其他物品的，依照前款规定处罚。

第八十五条　用人单位有下列情形之一的，由劳动行政部门责令限期支付劳动报酬、加班费或者经济补偿；劳动报酬低于当地最低工资标准的，应当支付其差额部分；逾期不支付的，责令用人单位按应付金额百分之五十以上百分之一百以下的标准向劳动者加付赔偿金：

（一）未按照劳动合同的约定或者国家规定及时足额支付劳动者劳动报酬的；

（二）低于当地最低工资标准支付劳动者工资的；

（三）安排加班不支付加班费的；

（四）解除或者终止劳动合同，未依照本法规定向劳动者支付经济补偿的。

**第八十六条** 劳动合同依照本法第二十六条规定被确认无效，给对方造成损害的，有过错的一方应当承担赔偿责任。

**第八十七条** 用人单位违反本法规定解除或者终止劳动合同的，应当依照本法第四十七条规定的经济补偿标准的二倍向劳动者支付赔偿金。

**第八十八条** 用人单位有下列情形之一的，依法给予行政处罚；构成犯罪的，依法追究刑事责任；给劳动者造成损害的，应当承担赔偿责任：

（一）以暴力、威胁或者非法限制人身自由的手段强迫劳动的；

（二）违章指挥或者强令冒险作业危及劳动者人身安全的；

（三）侮辱、体罚、殴打、非法搜查或者拘禁劳动者的；

（四）劳动条件恶劣、环境污染严重，给劳动者身心健康造成严重损害的。

**第八十九条** 用人单位违反本法规定未向劳动者出具解除或

者终止劳动合同的书面证明，由劳动行政部门责令改正；给劳动者造成损害的，应当承担赔偿责任。

第九十条　劳动者违反本法规定解除劳动合同，或者违反劳动合同中约定的保密义务或者竞业限制，给用人单位造成损失的，应当承担赔偿责任。

第九十一条　用人单位招用与其他用人单位尚未解除或者终止劳动合同的劳动者，给其他用人单位造成损失的，应当承担连带赔偿责任。

第九十二条　违反本法规定，未经许可，擅自经营劳务派遣业务的，由劳动行政部门责令停止违法行为，没收违法所得，并处违法所得一倍以上五倍以下的罚款；没有违法所得的，可以处五万元以下的罚款。

劳务派遣单位、用工单位违反本法有关劳务派遣规定的，由劳动行政部门责令限期改正；逾期不改正的，以每人五千元以上一万元以下的标准处以罚款，对劳务派遣单位，吊销其劳务派遣业务经营许可证。用工单位给被派遣劳动者造成损害的，劳务派遣单位与用工单位承担连带赔偿责任。

第九十三条　对不具备合法经营资格的用人单位的违法犯罪行为，依法追究法律责任；劳动者已经付出劳动的，该单位或者其出资人应当依照本法有关规定向劳动者支付劳动报酬、经济补偿、赔偿金；给劳动者造成损害的，应当承担赔偿责任。

第九十四条　个人承包经营违反本法规定招用劳动者，给劳动者造成损害的，发包的组织与个人承包经营者承担连带赔偿责任。

**第九十五条** 劳动行政部门和其他有关主管部门及其工作人员玩忽职守、不履行法定职责，或者违法行使职权，给劳动者或者用人单位造成损害的，应当承担赔偿责任；对直接负责的主管人员和其他直接责任人员，依法给予行政处分；构成犯罪的，依法追究刑事责任。

# 第八章 附 则

**第九十六条** 事业单位与实行聘用制的工作人员订立、履行、变更、解除或者终止劳动合同，法律、行政法规或者国务院另有规定的，依照其规定；未作规定的，依照本法有关规定执行。

**第九十七条** 本法施行前已依法订立且在本法施行之日存续的劳动合同，继续履行；本法第十四条第二款第三项规定连续订立固定期限劳动合同的次数，自本法施行后续订固定期限劳动合同时开始计算。

本法施行前已建立劳动关系，尚未订立书面劳动合同的，应当自本法施行之日起一个月内订立。

本法施行之日存续的劳动合同在本法施行后解除或者终止，依照本法第四十六条规定应当支付经济补偿的，经济补偿年限自本法施行之日起计算；本法施行前按照当时有关规定，用人单位应当向劳动者支付经济补偿的，按照当时有关规定执行。

**第九十八条** 本法自 2013 年 7 月 1 日起施行。

# 附 录

## 《中华人民共和国劳动合同法》解读

### （人力资源和社会保障部解读）

一、什么是劳动合同？

劳动合同，是指劳动者同企业、国家机关、事业单位、民办非企业单位、个体经济组织等用人单位之间订立的明确双方权利和义务的协议。

二、哪些单位及其劳动者适用《劳动合同法》？

根据《劳动合同法》第二条的规定，中华人民共和国境内的企业、个体经济组织、民办非企业单位等组织与劳动者建立劳动关系，订立、履行、变更、解除或者终止劳动合同，适用本法。民办非企业单位等组织包括民办非企业单位、基金会、合伙合作律师事务所等组织。国家机关、事业单位、社会团体和与其建立劳动关系的劳动者，订立、履行、变更、解除或者终止劳动合同，依照本法执行。

三、《劳动合同法》自什么时候起施行？

《劳动合同法》第九十八条规定，本法自 2008 年 1 月 1 日起施行。

四、用人单位规章制度对劳动者有约束力吗？

用人单位依照法定程序制定、内容不违反法律法规并向本单位职工公示使其知悉的规章制度，对本单位以及本单位的劳动者具有约束力，本单位以及本单位劳动者应当遵守。

五、直接涉及劳动者切身利益的规章制度或者重大事项指的是哪些事项？

根据《劳动合同法》第四条的规定，直接涉及劳动者切身利益的规章制度或者重大事项是指有关劳动报酬、工作时间、休息休假、劳动安全卫生、保险福利、职工培训、劳动纪律以及劳动定额管理等事项。

六、劳动关系从何时建立？

根据《劳动合同法》第七条、第十条规定，用人单位自用工之日起即与劳动者建立劳动关系。用人单位与劳动者在用工前订立劳动合同的，劳动关系自用工之日起建立。根据以上规定，即使用人单位没有与劳动者订立劳动合同，只要用人单位对该劳动者存在用工行为，则双方之间就建立了劳动关系，劳动者就享有劳动法律、法规规定的权利。

七、用人单位可以扣押劳动者的身份证等证件吗？

根据《劳动合同法》第九条规定，用人单位招用劳动者，不得扣押劳动者的居民身份证和其他证件。其他证件包括学历证书、毕业证书、职业资格证书等。

八、建立劳动关系应当以什么形式订立劳动合同？

根据《劳动合同法》第十条的规定，建立劳动关系，应当订立书面劳动合同。

九、建立劳动关系后，最迟应该在多长时间内订立书面劳动合同？

根据《劳动合同法》第十条的规定，已建立劳动关系，未同时订立书面劳动合同的，应当自用工之日起1个月内订立书面劳动合同。也就是说，法律提倡用人单位在建立劳动关系之日即用工之日就与劳动者订立书面劳动合同，但是如果用人单位没有在建立劳动关系之日与劳动者订立书面劳动合同，只要在自用工之日起1个月内订立了书面劳动合同的，就不属于违法行为。

十、劳动合同可以任意解除吗？

根据《劳动合同法》第四章的规定，解除劳动合同必须符合法定情形，不可以任意解除劳动合同。

十一、劳动合同的解除分为哪几种情况？

根据《劳动合同法》第四章的规定，劳动合同的解除分为三种，即双方协商解除劳动合同、劳动者单方解除劳动合同和用人单位单方解除劳动合同。

十二、在什么情形下，劳动合同终止？

根据《劳动合同法》第四十四条的规定，有下列情形之一的，劳动合同终止：1. 劳动合同期满的；2. 劳动者开始依法享受基本养老保险待遇的；3. 劳动者死亡，或者被人民法院宣告死亡或者宣告失踪的；4. 用人单位被依法宣告破产的；5. 用人单位被吊销营业执照、责令关闭、撤销或者用人单位决定提前解散的；6. 法律、行政法规规定的其他情形。

十三、劳动合同终止的，用人单位是否支付经济补偿？

根据《劳动合同法》第四十六条的规定，除用人单位维持或者提高劳动合同约定条件续订劳动合同，劳动者不同意续订劳动合同的情形外，用人单位依照本法第四十四条第一项规定终止固定期限劳动合同的；用人单位被依法宣告破产或者用人单位被吊销营业执照、责令关闭、撤销或者用人单位决定提前解散而终止劳动合同的，用人单位应当向劳动者支付经济补偿。

十四、用人单位违法解除或者终止劳动合同的，应当怎么处理？

根据《劳动合同法》第四十八条、第八十七条的规定，用人单位违法解除或者终止劳动合同，劳动者要求继续履行劳动合同的，用人单位应当继续履行；劳动者不要求继续履行劳动合同或者劳动合同已经不能继续履行的，用人单位应当依照经济补偿标准的两倍向劳动者支付赔偿金。

十五、什么是劳务派遣？

劳务派遣，是指劳务派遣单位与被派遣劳动者订立劳动合同后，将该劳动者派遣到用工单位从事劳动的一种特殊的用工形式。在这种特殊用工形式下，劳务派遣单位与被派遣劳动者建立劳动关系，但不用工，即不直接管理和指挥劳动者从事劳动；用工单位直接管理和指挥劳动者从事劳动，但是与劳动者之间不建立劳动关系。

十六、非全日制用工情况下劳动合同何时终止？

非全日制用工情况下，双方当事人任何一方都可以随时通知对方终止用工。

# 违反和解除劳动合同的
# 经济补偿办法

劳动部关于印发《违反和解除劳动合同的
经济补偿办法》的通知
劳部发〔1994〕481号

各省、自治区、直辖市劳动（劳动人事）厅（局），国
务院各部委、直属机构劳动人事部门，解放军总后勤部
生产管理部：为贯彻《劳动法》，使有关经济补偿的规定
便于操作，我们制定了《违反和解除劳动合同的经济补
偿办法》，现印发给你们，请按照执行。有关违反劳动合
同的赔偿办法，按国家有关规定执行。

中华人民共和国劳动部
一九九四年十二月三日

**第一条** 为了规范违反和解除劳动合同对劳动者的经济补偿
标准，根据《中华人民共和国劳动法》的规定，制定本办法。

**第二条** 对劳动者的经济补偿金，由用人单位一次性发给。

**第三条** 用人单位克扣或者无故拖欠劳动者工资的，以及拒
不支付劳动者延长工作时间工资报酬的，除在规定的时间内全额
支付劳动者工资报酬外，还需加发相当于工资报酬百分之二十五
的经济补偿金。

**第四条** 用人单位支付劳动者的工资报酬低于当地最低工资
标准的，要在补足低于标准部分的同时，另外支付相当于低于部

分百分之二十五的经济补偿金。

第五条　经劳动合同当事人协商一致，由用人单位解除劳动合同的，用人单位应根据劳动者在本单位工作年限，每满一年发给相当于一个月工资的经济补偿金，最多不超过十二个月。工作时间不满一年的按一年的标准发给经济补偿金。

第六条　劳动者患病或者非因工负伤，经劳动鉴定委员会确认不能从事原工作、也不能从事用人单位另行安排的工作而解除劳动合同的，用人单位应按其在本单位的工作年限，每满一年发给相当于一个月工资的经济补偿金，同时还应发给不低于六个月工资的医疗补助费。患重病和绝症的还应增加医疗补助费，患重病的增加部分不低于医疗补助费的百分之五十，患绝症的增加部分不低于医疗补助费的百分之百。

第七条　劳动者不能胜任工作，经过培训或者调整工作岗位仍不能胜任工作，由用人单位解除劳动合同的，用人单位应按其在本单位工作的年限，工作时间每满一年，发给相当于一个月工资的经济补偿金，最多不超过十二个月。

第八条　劳动合同订立时所依据的客观情况发生重大变化，致使原劳动合同无法履行，经当事人协商不能就变更劳动合同达成协议，由用人单位解除劳动合同的，用人单位按劳动者在本单位工作的年限，工作时间每满一年发给相当于一个月工资的经济补偿金。

第九条　用人单位濒临破产进行法定整顿期间或者生产经营状况发生严重困难，必须裁减人员的，用人单位按被裁减人员在本单位工作的年限支付经济补偿金。在本单位工作的时间每满一年，发给相当于一个月工资的经济补偿金。

第十条　用人单位解除劳动合同后，未按规定给予劳动者经济补偿的，除全额发给经济补偿金外，还须按该经济补偿金数额的百分之五十支付额外经济补偿金。

**第十一条** 本办法中经济补偿金的工资计算标准是指企业正常生产情况下劳动者解除合同前十二个月的月平均工资。

用人单位依据本办法第六条、第八条、第九条解除劳动合同时，劳动者的月平均工资低于企业月平均工资的，按企业月平均工资的标准支付。

**第十二条** 经济补偿金在企业成本中列支，不得占用企业按规定比例应提取的福利费用。

**第十三条** 本办法自一九九五年一月一日起执行。

# 集体合同规定

中华人民共和国劳动和社会保障部令

第 22 号

《集体合同规定》已于 2003 年 12 月 30 日经劳动和社会保障部第 7 次部务会议通过，现予公布，自 2004 年 5 月 1 日起施行。

部长　郑斯林

二〇〇四年一月二十日

## 第一章　总　则

**第一条**　为规范集体协商和签订集体合同行为，依法维护劳动者和用人单位的合法权益，根据《中华人民共和国劳动法》和《中华人民共和国工会法》，制定本规定。

**第二条**　中华人民共和国境内的企业和实行企业化管理的事业单位（以下统称用人单位）与本单位职工之间进行集体协商，签订集体合同，适用本规定。

**第三条**　本规定所称集体合同，是指用人单位与本单位职工根据法律、法规、规章的规定，就劳动报酬、工作时间、休息休假、劳动安全卫生、职业培训、保险福利等事项，通过集体协商签订的书面协议；所称专项集体合同，是指用人单位与本单位职工根据法律、法规、规章的规定，就集体协商的某项内容签订的专项书面协议。

**第四条** 用人单位与本单位职工签订集体合同或专项集体合同，以及确定相关事宜，应当采取集体协商的方式。集体协商主要采取协商会议的形式。

**第五条** 进行集体协商，签订集体合同或专项集体合同，应当遵循下列原则：

（一）遵守法律、法规、规章及国家有关规定；

（二）相互尊重，平等协商；

（三）诚实守信，公平合作；

（四）兼顾双方合法权益；

（五）不得采取过激行为。

**第六条** 符合本规定的集体合同或专项集体合同，对用人单位和本单位的全体职工具有法律约束力。

用人单位与职工个人签订的劳动合同约定的劳动条件和劳动报酬等标准，不得低于集体合同或专项集体合同的规定。

**第七条** 县级以上劳动保障行政部门对本行政区域内用人单位与本单位职工开展集体协商、签订、履行集体合同的情况进行监督，并负责审查集体合同或专项集体合同。

## 第二章 集体协商内容

**第八条** 集体协商双方可以就下列多项或某项内容进行集体协商，签订集体合同或专项集体合同：

（一）劳动报酬；

（二）工作时间；

（三）休息休假；

（四）劳动安全与卫生；

（五）补充保险和福利；

（六）女职工和未成年工特殊保护；

（七）职业技能培训；

（八）劳动合同管理；

（九）奖惩；

（十）裁员；

（十一）集体合同期限；

（十二）变更、解除集体合同的程序；

（十三）履行集体合同发生争议时的协商处理办法；

（十四）违反集体合同的责任；

（十五）双方认为应当协商的其他内容。

**第九条** 劳动报酬主要包括：

（一）用人单位工资水平、工资分配制度、工资标准和工资分配形式；

（二）工资支付办法；

（三）加班、加点工资及津贴、补贴标准和奖金分配办法；

（四）工资调整办法；

（五）试用期及病、事假等期间的工资待遇；

（六）特殊情况下职工工资（生活费）支付办法；

（七）其他劳动报酬分配办法。

**第十条** 工作时间主要包括：

（一）工时制度；

（二）加班加点办法；

（三）特殊工种的工作时间；

（四）劳动定额标准。

**第十一条** 休息休假主要包括：

（一）日休息时间、周休息日安排、年休假办法；

（二）不能实行标准工时职工的休息休假；

（三）其他假期。

**第十二条** 劳动安全卫生主要包括：

（一）劳动安全卫生责任制；

（二）劳动条件和安全技术措施；

（三）安全操作规程；

（四）劳保用品发放标准；

（五）定期健康检查和职业健康体检。

**第十三条** 补充保险和福利主要包括：

（一）补充保险的种类、范围；

（二）基本福利制度和福利设施；

（三）医疗期延长及其待遇；

（四）职工亲属福利制度。

**第十四条** 女职工和未成年工的特殊保护主要包括：

（一）女职工和未成年工禁忌从事的劳动；

（二）女职工的经期、孕期、产期和哺乳期的劳动保护；

（三）女职工、未成年工定期健康检查；

（四）未成年工的使用和登记制度。

**第十五条** 职业技能培训主要包括：

（一）职业技能培训项目规划及年度计划；

（二）职业技能培训费用的提取和使用；

（三）保障和改善职业技能培训的措施。

**第十六条** 劳动合同管理主要包括：

（一）劳动合同签订时间；

（二）确定劳动合同期限的条件；

（三）劳动合同变更、解除、续订的一般原则及无固定期限劳动合同的终止条件；

（四）试用期的条件和期限。

**第十七条** 奖惩主要包括：

（一）劳动纪律；

（二）考核奖惩制度；

（三）奖惩程序。

**第十八条** 裁员主要包括：

（一）裁员的方案；

（二）裁员的程序；

（三）裁员的实施办法和补偿标准。

## 第三章　集体协商代表

**第十九条** 本规定所称集体协商代表（以下统称协商代表），是指按照法定程序产生并有权代表本方利益进行集体协商的人员。

集体协商双方的代表人数应当对等，每方至少3人，并各确定1名首席代表。

**第二十条** 职工一方的协商代表由本单位工会选派。未建立工会的，由本单位职工民主推荐，并经本单位半数以上职工同意。

职工一方的首席代表由本单位工会主席担任。工会主席可以书面委托其他协商代表代理首席代表。工会主席空缺的，首席代表由工会主要负责人担任。未建立工会的，职工一方的首席代表从协商代表中民主推举产生。

第二十一条　用人单位一方的协商代表，由用人单位法定代表人指派，首席代表由单位法定代表人担任或由其书面委托的其他管理人员担任。

第二十二条　协商代表履行职责的期限由被代表方确定。

第二十三条　集体协商双方首席代表可以书面委托本单位以外的专业人员作为本方协商代表。委托人数不得超过本方代表的三分之一。

首席代表不得由非本单位人员代理。

第二十四条　用人单位协商代表与职工协商代表不得相互兼任。

第二十五条　协商代表应履行下列职责：

（一）参加集体协商；

（二）接受本方人员质询，及时向本方人员公布协商情况并征求意见；

（三）提供与集体协商有关的情况和资料；

（四）代表本方参加集体协商争议的处理；

（五）监督集体合同或专项集体合同的履行；

（六）法律、法规和规章规定的其他职责。

第二十六条　协商代表应当维护本单位正常的生产、工作秩序，不得采取威胁、收买、欺骗等行为。

协商代表应当保守在集体协商过程中知悉的用人单位的商业秘密。

第二十七条 企业内部的协商代表参加集体协商视为提供了正常劳动。

第二十八条 职工一方协商代表在其履行协商代表职责期间劳动合同期满的，劳动合同期限自动延长至完成履行协商代表职责之时，除出现下列情形之一的，用人单位不得与其解除劳动合同：

（一）严重违反劳动纪律或用人单位依法制定的规章制度的；

（二）严重失职、营私舞弊，对用人单位利益造成重大损害的；

（三）被依法追究刑事责任的。

职工一方协商代表履行协商代表职责期间，用人单位无正当理由不得调整其工作岗位。

第二十九条 职工一方协商代表就本规定第二十七条、第二十八条的规定与用人单位发生争议的，可以向当地劳动争议仲裁委员会申请仲裁。

第三十条 工会可以更换职工一方协商代表；未建立工会的，经本单位半数以上职工同意可以更换职工一方协商代表。

用人单位法定代表人可以更换用人单位一方协商代表。

第三十一条 协商代表因更换、辞任或遇有不可抗力等情形造成空缺的，应在空缺之日起 15 日内按照本规定产生新的代表。

## 第四章 集体协商程序

第三十二条 集体协商任何一方均可就签订集体合同或专项

集体合同以及相关事宜，以书面形式向对方提出进行集体协商的要求。

一方提出进行集体协商要求的，另一方应当在收到集体协商要求之日起 20 日内以书面形式给以回应，无正当理由不得拒绝进行集体协商。

**第三十三条** 协商代表在协商前应进行下列准备工作：

（一）熟悉与集体协商内容有关的法律、法规、规章和制度；

（二）了解与集体协商内容有关的情况和资料，收集用人单位和职工对协商意向所持的意见；

（三）拟定集体协商议题，集体协商议题可由提出协商一方起草，也可由双方指派代表共同起草；

（四）确定集体协商的时间、地点等事项；

（五）共同确定一名非协商代表担任集体协商记录员。记录员应保持中立、公正，并为集体协商双方保密。

**第三十四条** 集体协商会议由双方首席代表轮流主持，并按下列程序进行：

（一）宣布议程和会议纪律；

（二）一方首席代表提出协商的具体内容和要求，另一方首席代表就对方的要求作出回应；

（三）协商双方就商谈事项发表各自意见，开展充分讨论；

（四）双方首席代表归纳意见。达成一致的，应当形成集体合同草案或专项集体合同草案，由双方首席代表签字。

**第三十五条** 集体协商未达成一致意见或出现事先未预料的

问题时，经双方协商，可以中止协商。中止期限及下次协商时间、地点、内容由双方商定。

## 第五章　集体合同的订立、
## 变更、解除和终止

**第三十六条**　经双方协商代表协商一致的集体合同草案或专项集体合同草案应当提交职工代表大会或者全体职工讨论。

职工代表大会或者全体职工讨论集体合同草案或专项集体合同草案，应当有三分之二以上职工代表或者职工出席，且须经全体职工代表半数以上或者全体职工半数以上同意，集体合同草案或专项集体合同草案方获通过。

**第三十七条**　集体合同草案或专项集体合同草案经职工代表大会或者职工大会通过后，由集体协商双方首席代表签字。

**第三十八条**　集体合同或专项集体合同期限一般为 1 至 3 年，期满或双方约定的终止条件出现，即行终止。

集体合同或专项集体合同期满前 3 个月内，任何一方均可向对方提出重新签订或续订的要求。

**第三十九条**　双方协商代表协商一致，可以变更或解除集体合同或专项集体合同。

**第四十条**　有下列情形之一的，可以变更或解除集体合同或专项集体合同：

（一）用人单位因被兼并、解散、破产等原因，致使集体合同或专项集体合同无法履行的；

（二）因不可抗力等原因致使集体合同或专项集体合同无法履

行或部分无法履行的；

（三）集体合同或专项集体合同约定的变更或解除条件出现的；

（四）法律、法规、规章规定的其他情形。

**第四十一条** 变更或解除集体合同或专项集体合同适用本规定的集体协商程序。

## 第六章 集体合同审查

**第四十二条** 集体合同或专项集体合同签订或变更后，应当自双方首席代表签字之日起 10 日内，由用人单位一方将文本一式三份报送劳动保障行政部门审查。

劳动保障行政部门对报送的集体合同或专项集体合同应当办理登记手续。

**第四十三条** 集体合同或专项集体合同审查实行属地管辖，具体管辖范围由省级劳动保障行政部门规定。

中央管辖的企业以及跨省、自治区、直辖市的用人单位的集体合同应当报送劳动保障部或劳动保障部指定的省级劳动保障行政部门。

**第四十四条** 劳动保障行政部门应当对报送的集体合同或专项集体合同的下列事项进行合法性审查：

（一）集体协商双方的主体资格是否符合法律、法规和规章规定；

（二）集体协商程序是否违反法律、法规、规章规定；

（三）集体合同或专项集体合同内容是否与国家规定相抵触。

第四十五条 劳动保障行政部门对集体合同或专项集体合同有异议的，应当自收到文本之日起 15 日内将《审查意见书》送达双方协商代表。《审查意见书》应当载明以下内容：

（一）集体合同或专项集体合同当事人双方的名称、地址；

（二）劳动保障行政部门收到集体合同或专项集体合同的时间；

（三）审查意见；

（四）作出审查意见的时间。

《审查意见书》应当加盖劳动保障行政部门印章。

第四十六条 用人单位与本单位职工就劳动保障行政部门提出异议的事项经集体协商重新签订集体合同或专项集体合同的，用人单位一方应当根据本规定第四十二条的规定将文本报送劳动保障行政部门审查。

第四十七条 劳动保障行政部门自收到到文本之日起 15 日内未提出异议的，集体合同或专项集体合同即行生效。

第四十八条 生效的集体合同或专项集体合同，应当自其生效之日起由协商代表及时以适当的形式向本方全体人员公布。

## 第七章 集体协商争议的协调处理

第四十九条 集体协商过程中发生争议，双方当事人不能协商解决的，当事人一方或双方可以书面向劳动保障行政部门提出协调处理申请；未提出申请的，劳动保障行政部门认为必要时也可以进行协调处理。

第五十条 劳动保障行政部门应当组织同级工会和企业组织

等三方面的人员，共同协调处理集体协商争议。

**第五十一条** 集体协商争议处理实行属地管辖，具体管辖范围由省级劳动保障行政部门规定。

中央管辖的企业以及跨省、自治区、直辖市用人单位因集体协商发生的争议，由劳动保障部指定的省级劳动保障行政部门组织同级工会和企业组织等三方面的人员协调处理，必要时，劳动保障部也可以组织有关方面协调处理。

**第五十二条** 协调处理集体协商争议，应当自受理协调处理申请之日起 30 日内结束协调处理工作。期满未结束的，可以适当延长协调期限，但延长期限不得超过 15 日。

**第五十三条** 协调处理集体协商争议应当按照以下程序进行：

（一）受理协调处理申请；

（二）调查了解争议的情况；

（三）研究制定协调处理争议的方案；

（四）对争议进行协调处理；

（五）制作《协调处理协议书》。

**第五十四条** 《协调处理协议书》应当载明协调处理申请、争议的事实和协调结果，双方当事人就某些协商事项不能达成一致的，应将继续协商的有关事项予以载明。《协调处理协议书》由集体协商争议协调处理人员和争议双方首席代表签字盖章后生效。争议双方均应遵守生效后的《协调处理协议书》。

# 第八章 附 则

**第五十五条** 因履行集体合同发生的争议，当事人协商解决不成的，可以依法向劳动争议仲裁委员会申请仲裁。

　　**第五十六条**　用人单位无正当理由拒绝工会或职工代表提出的集体协商要求的，按照《工会法》及有关法律、法规的规定处理。

　　**第五十七条**　本规定于 2004 年 5 月 1 日起实施。原劳动部 1994 年 12 月 5 日颁布的《集体合同规定》同时废止。

# 中华人民共和国
# 劳动合同法实施条例

中华人民共和国国务院令

第 535 号

《中华人民共和国劳动合同法实施条例》已经 2008 年 9 月 3 日国务院第 25 次常务会议通过，现予公布，自公布之日起施行。

总理  温家宝

二〇〇八年九月十八日

# 第一章  总  则

**第一条**  为了贯彻实施《中华人民共和国劳动合同法》（以下简称劳动合同法），制定本条例。

**第二条**  各级人民政府和县级以上人民政府劳动行政等有关部门以及工会等组织，应当采取措施，推动劳动合同法的贯彻实施，促进劳动关系的和谐。

第三条  依法成立的会计师事务所、律师事务所等合伙组织和基金会，属于劳动合同法规定的用人单位。

# 第二章  劳动合同的订立

第四条  劳动合同法规定的用人单位设立的分支机构，依法取得营业执照或者登记证书的，可以作为用人单位与劳动者订立劳动合同；未依法取得营业执照或者登记证书的，受用人单位委托可以与劳动者订立劳动合同。

第五条  自用工之日起一个月内，经用人单位书面通知后，劳动者不与用人单位订立书面劳动合同的，用人单位应当书面通知劳动者终止劳动关系，无需向劳动者支付经济补偿，但是应当依法向劳动者支付其实际工作时间的劳动报酬。

第六条  用人单位自用工之日起超过一个月不满一年未与劳动者订立书面劳动合同的，应当依照劳动合同法第八十二条的规定向劳动者每月支付两倍的工资，并与劳动者补订书面劳动合同；劳动者不与用人单位订立书面劳动合同的，用人单位应当书面通知劳动者终止劳动关系，并依照劳动合同法第四十七条的规定支付经济补偿。

前款规定的用人单位向劳动者每月支付两倍工资的起算时间为用工之日起满一个月的次日，截止时间为补订书面劳动合同的前一日。

第七条  用人单位自用工之日起满一年未与劳动者订立书

面劳动合同的，自用工之日起满一个月的次日至满一年的前一日应当依照劳动合同法第八十二条的规定向劳动者每月支付两倍的工资，并视为自用工之日起满一年的当日已经与劳动者订立无固定期限劳动合同，应当立即与劳动者补订书面劳动合同。

**第八条** 劳动合同法第七条规定的职工名册，应当包括劳动者姓名、性别、公民身份号码、户籍地址及现住址、联系方式、用工形式、用工起始时间、劳动合同期限等内容。

**第九条** 劳动合同法第十四条第二款规定的连续工作满 10 年的起始时间，应当自用人单位用工之日起计算，包括劳动合同法施行前的工作年限。

**第十条** 劳动者非因本人原因从原用人单位被安排到新用人单位工作的，劳动者在原用人单位的工作年限合并计算为新用人单位的工作年限。原用人单位已经向劳动者支付经济补偿的，新用人单位在依法解除、终止劳动合同计算支付经济补偿的工作年限时，不再计算劳动者在原用人单位的工作年限。

**第十一条** 除劳动者与用人单位协商一致的情形外，劳动者依照劳动合同法第十四条第二款的规定，提出订立无固定期限劳动合同的，用人单位应当与其订立无固定期限劳动合同。对劳动合同的内容，双方应当按照合法、公平、平等自愿、协商一致、诚实信用的原则协商确定；对协商不一致的内容，依照劳动合同法第十八条的规定执行。

**第十二条** 地方各级人民政府及县级以上地方人民政府有关部门为安置就业困难人员提供的给予岗位补贴和社会保险补贴的

公益性岗位，其劳动合同不适用劳动合同法有关无固定期限劳动合同的规定以及支付经济补偿的规定。

第十三条　用人单位与劳动者不得在劳动合同法第四十四条规定的劳动合同终止情形之外约定其他的劳动合同终止条件。

第十四条　劳动合同履行地与用人单位注册地不一致的，有关劳动者的最低工资标准、劳动保护、劳动条件、职业危害防护和本地区上年度职工月平均工资标准等事项，按照劳动合同履行地的有关规定执行；用人单位注册地的有关标准高于劳动合同履行地的有关标准，且用人单位与劳动者约定按照用人单位注册地的有关规定执行的，从其约定。

第十五条　劳动者在试用期的工资不得低于本单位相同岗位最低档工资的80%或者不得低于劳动合同约定工资的80%，并不得低于用人单位所在地的最低工资标准。

第十六条　劳动合同法第二十二条第二款规定的培训费用，包括用人单位为了对劳动者进行专业技术培训而支付的有凭证的培训费用、培训期间的差旅费用以及因培训产生的用于该劳动者的其他直接费用。

第十七条　劳动合同期满，但是用人单位与劳动者依照劳动合同法第二十二条的规定约定的服务期尚未到期的，劳动合同应当续延至服务期满；双方另有约定的，从其约定。

# 第三章　劳动合同的解除和终止

第十八条　有下列情形之一的，依照劳动合同法规定的条件、程序，劳动者可以与用人单位解除固定期限劳动合同、无固定期限劳动合同或者以完成一定工作任务为期限的劳动合同：

（一）劳动者与用人单位协商一致的；

（二）劳动者提前 30 日以书面形式通知用人单位的；

（三）劳动者在试用期内提前 3 日通知用人单位的；

（四）用人单位未按照劳动合同约定提供劳动保护或者劳动条件的；

（五）用人单位未及时足额支付劳动报酬的；

（六）用人单位未依法为劳动者缴纳社会保险费的；

（七）用人单位的规章制度违反法律、法规的规定，损害劳动者权益的；

（八）用人单位以欺诈、胁迫的手段或者乘人之危，使劳动者在违背真实意思的情况下订立或者变更劳动合同的；

（九）用人单位在劳动合同中免除自己的法定责任、排除劳动者权利的；

（十）用人单位违反法律、行政法规强制性规定的；

（十一）用人单位以暴力、威胁或者非法限制人身自由的手段强迫劳动者劳动的；

（十二）用人单位违章指挥、强令冒险作业危及劳动者人身安全的；

（十三）法律、行政法规规定劳动者可以解除劳动合同的其他情形。

**第十九条** 有下列情形之一的，依照劳动合同法规定的条件、程序，用人单位可以与劳动者解除固定期限劳动合同、无固定期限劳动合同或者以完成一定工作任务为期限的劳动合同：

（一）用人单位与劳动者协商一致的；

（二）劳动者在试用期间被证明不符合录用条件的；

（三）劳动者严重违反用人单位的规章制度的；

（四）劳动者严重失职，营私舞弊，给用人单位造成重大损害的；

（五）劳动者同时与其他用人单位建立劳动关系，对完成本单位的工作任务造成严重影响，或者经用人单位提出，拒不改正的；

（六）劳动者以欺诈、胁迫的手段或者乘人之危，使用人单位在违背真实意思的情况下订立或者变更劳动合同的；

（七）劳动者被依法追究刑事责任的；

（八）劳动者患病或者非因工负伤，在规定的医疗期满后不能从事原工作，也不能从事由用人单位另行安排的工作的；

（九）劳动者不能胜任工作，经过培训或者调整工作岗位，仍不能胜任工作的；

（十）劳动合同订立时所依据的客观情况发生重大变化，致使劳动合同无法履行，经用人单位与劳动者协商，未能就变更劳动合同内容达成协议的；

（十一）用人单位依照企业破产法规定进行重整的；

（十二）用人单位生产经营发生严重困难的；

（十三）企业转产、重大技术革新或者经营方式调整，经变更劳动合同后，仍需裁减人员的；

（十四）其他因劳动合同订立时所依据的客观经济情况发生重大变化，致使劳动合同无法履行的。

**第二十条** 用人单位依照劳动合同法第四十条的规定，选择额外支付劳动者一个月工资解除劳动合同的，其额外支付的工资应当按照该劳动者上一个月的工资标准确定。

**第二十一条** 劳动者达到法定退休年龄的，劳动合同终止。

**第二十二条** 以完成一定工作任务为期限的劳动合同因任务完成而终止的，用人单位应当依照劳动合同法第四十七条的规定向劳动者支付经济补偿。

**第二十三条** 用人单位依法终止工伤职工的劳动合同的，除依照劳动合同法第四十七条的规定支付经济补偿外，还应当依照国家有关工伤保险的规定支付一次性工伤医疗补助金和伤残就业补助金。

**第二十四条** 用人单位出具的解除、终止劳动合同的证明，应当写明劳动合同期限、解除或者终止劳动合同的日期、工作岗位、在本单位的工作年限。

**第二十五条** 用人单位违反劳动合同法的规定解除或者终止劳动合同，依照劳动合同法第八十七条的规定支付了赔偿金的，不再支付经济补偿。赔偿金的计算年限自用工之日起计算。

**第二十六条** 用人单位与劳动者约定了服务期，劳动者依照劳动合同法第三十八条的规定解除劳动合同的，不属于违反服务期的约定，用人单位不得要求劳动者支付违约金。

有下列情形之一，用人单位与劳动者解除约定服务期的劳动合同的，劳动者应当按照劳动合同的约定向用人单位支付违约金：

（一）劳动者严重违反用人单位的规章制度的；

（二）劳动者严重失职，营私舞弊，给用人单位造成重大损害的；

（三）劳动者同时与其他用人单位建立劳动关系，对完成本单位的工作任务造成严重影响，或者经用人单位提出，拒不改正的；

（四）劳动者以欺诈、胁迫的手段或者乘人之危，使用人单位在违背真实意思的情况下订立或者变更劳动合同的；

（五）劳动者被依法追究刑事责任的。

第二十七条　劳动合同法第四十七条规定的经济补偿的月工资按照劳动者应得工资计算，包括计时工资或者计件工资以及奖金、津贴和补贴等货币性收入。劳动者在劳动合同解除或者终止前 12 个月的平均工资低于当地最低工资标准的，按照当地最低工资标准计算。劳动者工作不满 12 个月的，按照实际工作的月数计算平均工资。

# 第四章　劳务派遣特别规定

第二十八条　用人单位或者其所属单位出资或者合伙设立的劳务派遣单位，向本单位或者所属单位派遣劳动者的，属于劳动合同法第六十七条规定的不得设立的劳务派遣单位。

第二十九条　用工单位应当履行劳动合同法第六十二条规定的义务，维护被派遣劳动者的合法权益。

第三十条　劳务派遣单位不得以非全日制用工形式招用被派遣劳动者。

第三十一条　劳务派遣单位或者被派遣劳动者依法解除、终止劳动合同的经济补偿，依照劳动合同法第四十六条、第四十七条的规定执行。

第三十二条　劳务派遣单位违法解除或者终止被派遣劳动者的劳动合同的，依照劳动合同法第四十八条的规定执行。

# 第五章　法津责任

第三十三条　用人单位违反劳动合同法有关建立职工名册规定的，由劳动行政部门责令限期改正；逾期不改正的，由劳动行政部门处 2000 元以上 2 万元以下的罚款。

第三十四条　用人单位依照劳动合同法的规定应当向劳动者每月支付两倍的工资或者应当向劳动者支付赔偿金而未支付的，劳动行政部门应当责令用人单位支付。

第三十五条　用工单位违反劳动合同法和本条例有关劳务派遣规定的，由劳动行政部门和其他有关主管部门责令改正；情节严重的，以每位被派遣劳动者 1000 元以上 5000 元以下的标准处以罚款；给被派遣劳动者造成损害的，劳务派遣单位和用工单位承担连带赔偿责任。

# 第六章　附　则

第三十六条　对违反劳动合同法和本条例的行为的投诉、举报，县级以上地方人民政府劳动行政部门依照《劳动保障监察条例》的规定处理。

**第三十七条** 劳动者与用人单位因订立、履行、变更、解除或者终止劳动合同发生争议的，依照《中华人民共和国劳动争议调解仲裁法》的规定处理。

**第三十八条** 本条例自公布之日起施行。

# 附　录

## 《中华人民共和国劳动合同法
## 实施条例》解读

### （人力资源和社会保障部解读）

一、为什么要制定实施条例?

答：劳动合同法作为一部构建和发展和谐稳定劳动关系的重要法律，自公布施行以来，对于规范双方当事人的权利和义务，保护劳动者的合法权益，发挥了重要作用。用人单位增强了依法用工的意识，提高了劳动合同的签订率。但是，劳动合同法施行以来，社会有关方面对该法的一些规定在理解上存在分歧，主要有三个方面：一是无固定期限劳动合同是否是"铁饭碗"、"终身制"；二是用人单位滥用劳务派遣用工形式是否会侵害劳动者的合法权益；三是经济补偿和赔偿金是否同时适用。为了澄清这些问题，同时使劳动合同法更具有操作性，有必要在劳动合同法规定的基础上，制定实施条例。

二、制定实施条例经过了哪些过程?

答：国务院对制定实施条例高度重视。法制办、原劳动保障部遵照国务院领导同志抓紧研究制定实施条例指示精神，组织力量研究起草实施条例，先后三次征求了全国人大财经委、全国人大常委会法工委、最高人民法院、发展改革委、财政部、商务部、国资委、全国总工会、台盟中央、全国工商联等 26 个中央有关部门、单位和各省、自治区、直辖市人民政府的意见。2008 年 5 月 8 日至 5 月 20 日，通过中国政府法制信息网公开向社会各界征求对草案的意见，共收到各方面的反馈意见 82236 条。经法制办、人力资源社会保障部与全国人大财经委、全国人大常委会法工委、国资委、全国总工会、台盟中央、全国工商联等单位反复沟通协调、认真研究修改，形成了《中华人民共和国劳动合同法实施条例（草案）》。2008 年 9 月 3 日，国务院第 25 次常务会议审议并原则通过了这个草案。2008 年 9 月 18 日，温家宝总理签署第 535 号国务院令，公布了这个实施条例，实施条例自公布之日起施行。

三、制定实施条例遵循的基本原则是什么？

答：在起草实施条例的过程中，我们主要把握了以下三个基本原则：

一是一致性原则。实施条例作为劳动合同法的配套行政法规，必须维护劳动合同法的严肃性和权威性，与劳动合同法规定的制度相一致。

二是协调性原则。实施条例根据劳动合同法的规定，妥善处理好经济发展和社会就业的关系、企业发展和维护职工合法权益的关系、保护职工利益长远目标与现阶段目标的关系，准确体现劳动合同法的立法宗旨，维护劳动者的根本利益，努力实现用人单位和劳动者双方权利、义务关系的协调。

三是可操作性原则。实施条例重点针对劳动合同法中比较原则的规定和一些社会上存在误解的条款，作出具体的规定和必要的衔接，增强劳动合同法的可操作性。

四、无固定期限劳动合同是"铁饭碗"、"终身制"吗？

答：无固定期限劳动合同不是"铁饭碗"、"终身制"。劳动合同法公布施行后，一些用人单位和劳动者认为无固定期限劳动合同是"铁饭碗"、"终身制"。为了消除误解，实施条例将分散在劳动合同法第三十六、三十七、三十八条中劳动者可以依法解除包括无固定期限劳动合同在内的各种劳动合同的 13 种情形作了归纳，规定劳动者在用人单位未按照劳动合同约定提供劳动保护或者劳动条件、未及时足额支付劳动报酬、未依法为劳动者缴纳社会保险费、以欺诈胁迫等手段违背劳动者真实意思订立或者变更劳动合同、以暴力威胁或者非法限制人身自由的手段强迫劳动以及违章指挥强令冒险作业危及劳动者人身安全等情形下可以依法解除劳动合同。同样，实施条例将分散在劳动合同法第三十六、三十九、四十、四十一条中用人单位可以依法解除包括无固定期限劳动合同在内的各种劳动合同的 14 种情形作了归纳，规定用人单位在劳动者试用期间被证明不符合录用条件、严重违反用人单位规章制度、严重失职营私舞弊给用人单位造成重大损害、经过培训或者调整工作岗位后仍不能胜任工作以及企业转产等情形下可以依法与劳动者解除劳动合同。这样规定，有利于澄清无固定期限劳动合同是"铁饭碗"、"终身制"的误解。

五、对劳务派遣问题，实施条例作了哪些具体规定？

答：针对一些用人单位滥用劳务派遣用工形式，侵害劳动者合法权益的问题，实施条例对劳务派遣作了三个方面的具体规定：

第一，为了避免用工单位规避劳动合同法律义务，侵害劳动者的合法权益，实施条例规定，用工单位应当履行劳动合同法第六十二条规定的义务。这些义务包括支付加班费、绩效奖金，提供与工作岗位相关的福利待遇，连续用工的要实行正常的工资调整机制等。如果用工单位不履行这些义务，依照实施条例的规定用工单位就必须承担相应的法律责任。

第二，为了避免劳务派遣单位以非全日制用工形式招用劳动者，侵害劳动者的合法权益，实施条例规定：劳务派遣单位不得以非全日制用工形式招用被派遣劳动者。

第三，为了维护劳务派遣工的合法权益，避免用人单位滥用劳务派遣用工形式，依照劳动合同法第四十六条第七项"法律、行政法规规定的其他情形"的规定，实施条例规定：劳务派遣单位或者被派遣劳动者依法解除或者终止劳动合同的，劳务派遣单位也应当向该劳动者支付经济补偿。

劳动合同法对劳务派遣问题已作出明确规定，实施条例又作了具体规定，维护劳动者的合法权益，关键是用工单位和劳务派遣单位必须严格依法办事。

六、如何处理经济补偿与赔偿金的关系？

答：劳动合同法规定，用人单位依法解除、终止劳动合同应当向劳动者支付经济补偿，同时规定用人单位违法解除或者终止劳动合同，应当向劳动者支付赔偿金。对经济补偿与赔偿金是否同时适用，社会上有不同的理解：一种意见认为，为了有效惩罚用人单位的违法用工行为，用人单位违法解除或者终止劳动合同在支付了相当于经济补偿两倍的赔偿金后，还应当再向员工支付经济补偿。另一种意见认为，已经支付赔偿金的，不应当再支付经济补偿。

按照经济补偿与赔偿金的不同性质，实施条例明确规定：用人单位违反劳动合同法的规定解除或者终止劳动合同，依照劳动合同法的规定支付了赔偿金的，不再支付经济补偿。

七、贯彻实施条例应当注意哪些问题？

答：为了保证实施条例的贯彻执行，需要切实做好以下几个方面的工作：

一是要加强学习、宣传和培训工作，使社会各方面全面准确理解劳动合同法及其实施条例。抓学习、宣传和培训，是掌握劳动合同法及其实施条例的内容、把握其精神实质的重要途径，要在全社会大力开展劳动合同法学习、宣传教育活动的基础上，不断创新学习、宣传和培训方式，做到"三个结合"，即：把学习、宣传和贯彻劳动合同法实施条例与深入贯彻落实科学发展观结合起来，与学习、宣传和贯彻实施劳动法、劳动合同法、就业促进法、劳动争议调解仲裁法等法律法规结合起来，与本地区、本部门、本单位的实际工作结合起来。要扩大学习、宣传和培训的对象，既要加强对政府机关工作人员、工会工作人员、企业代表组织工作人员的宣传培训，又要加强对企业、民办非企业单位、个体经济组织等用人单位和广大劳动者的宣传培训。要注重学习、宣传效果，通过学习、宣传，使全社会真正理解和认识劳动合同法及其实施条例的精神实质，不断增强劳动合同的法律意识，切实保障劳动者和用人单位的合法权益。

二是要坚持依法行政，确保劳动合同法及其实施条例的贯彻实施。政府依法行政是建设法治政府、构建社会主义和谐社会的必然要求，也是正确贯彻实施劳动合同法及其实施条例的保障。在劳动合同法及其实施条例贯彻实施过程中，各级政府要严格依法行政。要按照权责统一的要求，既要严格依法行使法律授予的管理权，又要依法承担不作为、乱作为的法律责任；要按照程序正当的要求，严格遵循法定程序，依法保障劳动者和用人单位的知情权、参与权和申诉权；要按照高效便民的要求，积极履行法定职责，提高办事效率，提供优质便捷的服务；要严格执法，切实加大对劳动合同法及其实施条例的执法力度，劳动保障监察机构要切实负起责任，依法惩处各种违法行为，切实维护广大劳动者的合法权益；要自觉接受人大监督、政协民主监督、司法监督、工会监督和社会监督，强化行政机关内部监督，发挥行政复议的层级监督作用。

三是要加强备案审查工作，维护法制的统一和尊严。法规、规章、规范性文件备案制度，是维护法制统一、保持政令畅通的重要措施。在劳动合同法及其实施条例的实施过程中，国务院法制办将依照《法规规章备案条例》，加强对劳动合同方面的地方性法规、地方政府规章和国务院部门规章的备案审查力度，坚持"有件必备、有备必审、有错必纠"。地方人民政府法制机构也要依法加强对下级行政机关发布的规章和规范性文件的监督，及时纠正违法不当的规范性文件，切实维护法制的统一，确保劳动合同法及其实施条例的正确实施。

# 国务院办公厅关于全面治理拖欠
# 农民工工资问题的意见

国办发〔2016〕1号

各省、自治区、直辖市人民政府，国务院各部委、各直属机构：

解决拖欠农民工工资问题，事关广大农民工切身利益，事关社会公平正义和社会和谐稳定。党中央、国务院历来高度重视，先后出台了一系列政策措施，各地区、各有关部门加大工作力度，经过多年治理取得了明显成效。但也要看到，这一问题尚未得到根本解决，部分行业特别是工程建设领域拖欠工资问题仍较突出，一些政府投资工程项目不同程度存在拖欠农民工工资问题，严重侵害了农民工合法权益，由此引发的群体性事件时有发生，影响社会稳定。为全面治理拖欠农民工工资问题，经国务院同意，现提出如下意见：

一、总体要求

（一）指导思想

全面贯彻党的十八大和十八届二中、三中、四中、五中全会精神，按照"四个全面"战略布局和党中央、国务院决策部署，牢固树立并切实贯彻创新、协调、绿色、开放、共享的发展理念，紧紧围绕保护农民工劳动所得，坚持标本兼治、综合治理，着力规范工资支付行为、优化市场环境、强化监管责任，健全预防和解决拖欠农民工工资问题的长效机制，切实保障农民工劳动报酬权益，维护社会公平正义，促进社会和谐稳定。

（二）目标任务

以建筑市政、交通、水利等工程建设领域和劳动密集型加工制造、餐饮服务等易发生拖欠工资问题的行业为重点，健全源头预防、动态监管、失信惩戒相结合的制度保障体系，完善市场主体自律、政府依法监管、社会协同监督、司法联动惩处的工作体系。到 2020 年，形成制度完备、责任落实、监管有力的治理格局，使拖欠农民工工资问题得到根本遏制，努力实现基本无拖欠。

二、全面规范企业工资支付行为

（三）明确工资支付各方主体责任

全面落实企业对招用农民工的工资支付责任，督促各类企业严格依法将工资按月足额支付给农民工本人，严禁将工资发放给不具备用工主体资格的组织和个人。在工程建设领域，施工总承包企业（包括直接承包建设单位发包工程的专业承包企业，下同）对所承包工程项目的农民工工资支付负总责，分包企业（包括承包施工总承包企业发包工程的专业企业，下同）对所招用农民工的工资支付负直接责任，不得以工程款未到位等为由克扣或拖欠农民工工资，不得将合同应收工程款等经营风险转嫁给农民工。

（四）严格规范劳动用工管理

督促各类企业依法与招用的农民工签订劳动合同并严格履行，建立职工名册并办理劳动用工备案。在工程建设领域，坚持施工企业与农民工先签订劳动合同后进场施工，全面实行农民工实名制管理制度，建立劳动计酬手册，记录施工现场作业农民工的身份信息、劳动考勤、工资结算等信息，逐步实现信息化实名制管理。施工总承包企业要加强对分包企业劳动用工和工资发放的监督管理，在工程项目部配备劳资专管员，建立施工人员进出场登记制度和考勤计量、工资支付等管理台账，实时掌握施工现场用工及其工资支付情况，不得以包代管。施工总承包企业和分包企业应将经农民工本人签字确认的工资支付书面记录保存两年以上备查。

（五）推行银行代发工资制度

推动各类企业委托银行代发农民工工资。在工程建设领域，鼓励实行分包企业农民工工资委托施工总承包企业直接代发的办法。分包企业负责为招用的农民工申办银行个人工资账户并办理实名制工资支付银行卡，按月考核农民工工作量并编制工资支付表，经农民工本人签字确认后，交施工总承包企业委托银行通过其设立的农民工工资（劳务费）专用账户直接将工资划入农民工个人工资账户。

三、健全工资支付监控和保障制度

（六）完善企业工资支付监控机制

构建企业工资支付监控网络，依托基层劳动保障监察网格化、网络化管理平台的工作人员和基层工会组织设立的劳动法律监督员，对辖区内企业工资支付情况实行日常监管，对发生过拖欠工资的企业实行重点监控并要求其定期申报。企业确因生产经营困难等原因需要延期支付农民工工资的，应及时向当地人力资源社会保障部门、工会组织报告。建立和完善欠薪预警系统，根据工商、税务、银行、水电供应等单位反映的企业生产经营状况相关指标变化情况，定期对重点行业企业进行综合分析研判，发现欠薪隐患要及时预警并做好防范工作。

（七）完善工资保证金制度

在建筑市政、交通、水利等工程建设领域全面实行工资保证金制度，逐步将实施范围扩大到其他易发生拖欠工资的行业。建立工资保证金差异化缴存办法，对一定时期内未发生工资拖欠的企业实行减免措施、发生工资拖欠的企业适当提高缴存比例。严格规范工资保证金动用和退还办法。探索推行业主担保、银行保函等第三方担保制度，积极引入商业保险机制，保障农民工工资支付。

（八）建立健全农民工工资（劳务费）专用账户管理制度

在工程建设领域，实行人工费用与其他工程款分账管理制度，推动农民工工资与工程材料款等相分离。施工总承包企业应分解工程价款中的人工费用，在工程项目所在地银行开设农民工工资（劳务费）专用账户，专项用于支付农民工工资。建设单位应按照工程承包合同约定的比例或施工总承包企业提供的人工费用数额，将应付工程款中的人工费单独拨付到施工总承包企业开设的农民工工资（劳务费）专用账户。农民工工资（劳务费）专用账户应向人力资源社会保障部门和交通、水利等工程建设项目主管部门备案，并委托开户银行负责日常监管，确保专款专用。开户银行发现账户资金不足、被挪用等情况，应及时向人力资源社会保障部门和交通、水利等工程建设项目主管部门报告。

（九）落实清偿欠薪责任

招用农民工的企业承担直接清偿拖欠农民工工资的主体责任。

在工程建设领域，建设单位或施工总承包企业未按合同约定及时划拨工程款，致使分包企业拖欠农民工工资的，由建设单位或施工总承包企业以未结清的工程款为限先行垫付农民工工资。建设单位或施工总承包企业将工程违法发包、转包或违法分包致使拖欠农民工工资的，由建设单位或施工总承包企业依法承担清偿责任。

四、推进企业工资支付诚信体系建设

（十）完善企业守法诚信管理制度

将劳动用工、工资支付情况作为企业诚信评价的重要依据，实行分类分级动态监管。建立拖欠工资企业"黑名单"制度，定期向社会公开有关信息。人力资源社会保障部门要建立企业拖欠工资等违法信息的归集、交换和更新机制，将查处的企业拖欠工资情况纳入人民银行企业征信系统、工商部门企业信用信息公示系统、住房城乡建设等行业主管部门诚信信息平台或政府公共信用信息服务平台。推进相关信用信息系统互联互通，实现对企业信用信息互认共享。

（十一）建立健全企业失信联合惩戒机制

加强对企业失信行为的部门协同监管和联合惩戒，对拖欠工资的失信企业，由有关部门在政府资金支持、政府采购、招投标、生产许可、履约担保、资质审核、融资贷款、市场准入、评优评先等方面依法依规予以限制，使失信企业在全国范围内"一处违法、处处受限"，提高企业失信违法成本。

五、依法处置拖欠工资案件

（十二）严厉查处拖欠工资行为

加强工资支付监察执法，扩大日常巡视检查和书面材料审查覆盖范围，推进劳动保障监察举报投诉案件省级联动处理机制建设，加大拖欠农民工工资举报投诉受理和案件查处力度。完善多部门联合治理机制，深入开展农民工工资支付情况专项检查。健全地区执法协作制度，加强跨区域案件执法协作。完善劳动保障监察行政执法与刑事司法衔接机制，健全劳动保障监察机构、公安机关、检察机关、审判机关间信息共享、案情通报、案件移送等制度，推动完善人民检察院立案监督和人民法院及时财产保全等制度。对恶意欠薪涉嫌犯罪的，依法移送司法机关追究刑事责任，切实发挥刑法对打击拒不支付劳动报酬犯罪行为的威慑作用。

（十三）及时处理欠薪争议案件

充分发挥基层劳动争议调解等组织的作用，引导农民工就地就近解决工资争议。劳动人事争议仲裁机构对农民工因拖欠工资申请仲裁的争议案件优先受理、优先开庭、及时裁决、快速结案。对集体欠薪争议或涉及金额较大的欠薪争议案件要挂牌督办。加强裁审衔接与工作协调，提高欠薪争议案件裁决效率。畅通申请渠道，依法及时为农民工讨薪提供法律服务和法律援助。

（十四）完善欠薪突发事件应急处置机制

健全应急预案，及时妥善处置因拖欠农民工工资引发的突发性、群体性事件。完善欠薪应急周转金制度，探索建立欠薪保障金制度，对企业一时难以解决拖欠工资或企业主欠薪逃匿的，及时动用应急周转金、欠薪保障金或通过其他渠道筹措资金，先行垫付部分工资或基本生活费，帮助解决被拖欠工资农民工的临时生活困难。对采取非法手段讨薪或以拖欠工资为名讨要工程款，构成违反治安管理行为的，要依法予以治安处罚；涉嫌犯罪的，依法移送司法机关追究刑事责任。

六、改进建设领域工程款支付管理和用工方式

（十五）加强建设资金监管

在工程建设领域推行工程款支付担保制度，采用经济手段约束建设单位履约行为，预防工程款拖欠。加强对政府投资工程项目的管理，对建设资金来源不落实的政府投资工程项目不予批准。政府投资项目一律不得以施工企业带资承包的方式进行建设，并严禁将带资承包有关内容写入工程承包合同及补充条款。

（十六）规范工程款支付和结算行为

全面推行施工过程结算，建设单位应按合同约定的计量周期或工程进度结算并支付工程款。工程竣工验收后，对建设单位未完成竣工结算或未按合同支付工程款且未明确剩余工程款支付计划的，探索建立建设项目抵押偿付制度，有效解决拖欠工程款问题。对长期拖欠工程款结算或拖欠工程款的建设单位，有关部门不得批准其新项目开工建设。

（十七）改革工程建设领域用工方式

加快培育建筑产业工人队伍，推进农民工组织化进程。鼓励施工企业将一部分技能水平高的农民工招用为自有工人，不断扩大自有工人队伍。引导具备条件的劳务作业班组向专业企业发展。

（十八）实行施工现场维权信息公示制度

施工总承包企业负责在施工现场醒目位置设立维权信息告示牌，明示业主单位、施工总承包企业及所在项目部、分包企业、行业监管部门等基本信息；明示劳动用工相关法律法规、当地最低工资标准、

工资支付日期等信息；明示属地行业监管部门投诉举报电话和劳动争议调解仲裁、劳动保障监察投诉举报电话等信息，实现所有施工场地全覆盖。

七、加强组织领导

（十九）落实属地监管责任

按照属地管理、分级负责、谁主管谁负责的原则，完善并落实解决拖欠农民工工资问题省级人民政府负总责，市（地）、县级人民政府具体负责的工作体制。完善目标责任制度，制定实施办法，将保障农民工工资支付纳入政府考核评价指标体系。建立定期督查制度，对拖欠农民工工资问题高发频发、举报投诉量大的地区及重大违法案件进行重点督查。健全问责制度，对监管责任不落实、组织工作不到位的，要严格责任追究。对政府投资工程项目拖欠工程款并引发拖欠农民工工资问题的，要追究项目负责人责任。

（二十）完善部门协调机制

健全解决企业工资拖欠问题部际联席会议制度，联席会议成员单位调整为人力资源社会保障部、发展改革委、公安部、司法部、财政部、住房城乡建设部、交通运输部、水利部、人民银行、国资委、工商总局、全国总工会，形成治理欠薪工作合力。地方各级人民政府要建立健全由政府负责人牵头、相关部门参与的工作协调机制。人力资源社会保障部门要加强组织协调和督促检查，加大劳动保障监察执法力度。住房城乡建设、交通运输、水利等部门要切实履行行业监管责任，规范工程建设市场秩序，督促企业落实劳务用工实名制管理等制度规定，负责督办因挂靠承包、违法分包、转包、拖欠工程款等造成的欠薪案件。发展改革等部门要加强对政府投资项目的审批管理，严格审查资金来源和筹措方式。财政部门要加强对政府投资项目建设全过程的资金监管，按规定及时拨付财政资金。其他相关部门要根据职责分工，积极做好保障农民工工资支付工作。

（二十一）加大普法宣传力度

发挥新闻媒体宣传引导和舆论监督作用，大力宣传劳动保障法律法规，依法公布典型违法案件，引导企业经营者增强依法用工、按时足额支付工资的法律意识，引导农民工依法理性维权。对重点行业企业，定期开展送法上门宣讲、组织法律培训等活动。充分利用互联网、微博、微信等现代传媒手段，不断创新宣传方式，增强宣传效果，营造保障农民工工资支付的良好舆论氛围。

（二十二）加强法治建设

健全保障农民工工资支付的法律制度，在总结相关行业有效做法和各地经验基础上，加快工资支付保障相关立法，为维护农民工劳动报酬权益提供法治保障。

国务院办公厅

2016 年 1 月 17 日